Steh auf und geh

Nicht daran, wie einer von Gott redet,
erkenne ich, ob seine Seele durch das Feuer
der göttlichen Liebe gegangen ist,
sondern wie er von den irdischen Dingen spricht.

SIMONE WEIL

Inhalt

Vorwort

„Schon wieder ein Buch! Warum tust du dir das an?" Die Frage einer klugen und erfahrenen Freundin ist ernst gemeint. Es wäre ja, meint sie, durchaus ein Liebesdienst an den Leserinnen und Lesern, einmal ganz bewusst ein Buch nicht zu schreiben. Auch Sokrates und Jesus, die mich so faszinieren und auf die ich ja deswegen immer wieder verweise, wären in ihrem Umgang mit den Menschen ganz ohne Schriften ausgekommen. Erst die Schüler und Gefährten hätten sich dann Notizen gemacht und damit nicht nur Informationen, sondern durchaus auch Quellen für Missverständnisse geschaffen und sich dabei nicht selten verdächtig gemacht, den tieferen Sinn so mancher ihnen vermittelter Weisheiten nicht verstanden zu haben.

Seit die „Ranking-Manie" unter der Devise „Wer mehr publiziert, ist klüger" für eine wahre Bücherschwemme am Buchmarkt zu sorgen scheint, ist die Herausforderung an einen Autor besonders groß, sich gut zu überlegen, ob überhaupt und wenn ja, mit welchem Thema er sich zu Wort melden soll. Wenn er dabei den weisen Kohelet zurate zieht, der sich bereits 200 Jahre vor Christus über all das Gedanken gemacht hat, wird er aus seinen Texten zunächst keine schnelle Ermutigung für sein Vorhaben erkennen können. Bereits die ersten Zeilen dort stimmen nachdenklich, vielleicht sogar pessimistisch und scheinen den Schluss nahezulegen, mit dem Schreiben erst gar nicht zu beginnen.

> *„Es gibt nichts Neues unter der Sonne.*
> *Zwar gibt es bisweilen ein Ding, von dem es heißt:*

‚Sieh dir das an, das ist etwas Neues' –
aber auch das gab es schon in den Zeiten,
die vor uns gewesen sind."[1]

Bei näherer Betrachtung allerdings entpuppt sich Kohelet nicht als Pessimist, wohl eher ist er ein lebenserfahrener Realist, der sein Denken und Fühlen ähnlich wie der griechische Philosoph Heraklit auf den Punkt bringt:

„Alles hat seine Stunde. Für jedes Geschehen unter dem Himmel gibt es eine bestimmte Zeit: eine Zeit zum Gebären / und eine Zeit zum Sterben, / eine Zeit zum Pflanzen / und eine Zeit zum Abernten der Pflanzen, / eine Zeit zum Töten / und eine Zeit zum Heilen, / eine Zeit zum Niederreißen / und eine Zeit zum Bauen, / eine Zeit zum Weinen / und eine Zeit zum Lachen, / eine Zeit für die Klage / und eine Zeit für den Tanz; / eine Zeit zum Steinewerfen / und eine Zeit zum Steine sammeln, / eine Zeit zum Umarmen / und eine Zeit, die Umarmung zu lösen, / eine Zeit zum Suchen / und eine Zeit zum Verlieren, / eine Zeit zum Behalten / und eine Zeit zum Wegwerfen, / eine Zeit zum Zerreißen / und eine Zeit zum Zusammennähen, / eine Zeit zum Schweigen / und eine Zeit zum Reden, / eine Zeit zum Lieben / und eine Zeit zum Hassen, / eine Zeit für den Krieg / und eine Zeit für den Frieden."[2]

Ähnliche Überlegungen finden wir auch in den Gedanken des griechischen Philosophen Heraklit.[3] Sein wohl bekanntester Satz lautet: „Alles fließt, nichts besteht." Auch seine Gedanken, dass es Entwicklung nur geben kann im täglichen Hin und Her, im ständigen Zusammenspiel gegensätzlicher Kräfte, sind interessante Parallelen zum biblischen Text bei

Kohelet. Heraklit geht sogar so weit, sich Gott selbst vorzustellen als „Tag und Nacht, Winter und Sommer, Krieg und Frieden, Überfluss und Hunger".[4] Darum, so meint er, wäre es für den Menschen auch nicht gut, wenn er ans Ziel seiner Wünsche käme. Denn es sei die Krankheit, die die Gesundheit angenehm macht, nur am Übel gemessen trete das Gute in Erscheinung, am Hunger die Sättigung, an der Mühsal die Ruhe. Darum hätten diejenigen Unrecht, die ein Ende allen Kampfes in einem ewigen Frieden herbeisehnen. Denn mit dem Aufhören der schöpferischen Spannungen würde totaler Stillstand und Tod eintreten.

Wenn mich also der Weise aus der Bibel daran erinnert, dass alles seine Zeit hat, dann gibt es offensichtlich wohl auch eine Zeit zum Bücherlesen und zum Bücherschreiben. Und wenn mich noch dazu der Philosoph vor dem Aufhören schöpferischer Spannungen warnt, dann bin ich trotz aller Einwände von besorgten Freunden hoch motiviert, ein weiteres Büchlein zu schreiben. Ich schreibe es nämlich nicht, weil ich etwas wüsste, das andere nicht wissen. Ich schreibe es, um das, was mich täglich in der Begleitung von Menschen bewegt und beschäftigt, durch die Mühe, es in Worte zu fassen, tiefer und (hoffentlich) gründlicher „verstehen" zu können. Die dabei zu Hilfe gerufenen, biblischen Texte sind erstaunlich jung, voller Kraft und therapeutischer Qualität, sie sind aber auch ein überzeugender Hinweis darauf, dass alles, was wir heute als zentrale Probleme des Menschen diskutieren, bereits wichtig war „in den Zeiten, die vor uns gewesen sind".

Einleitung

„VOM REISEN." So antwortete vor Jahren Peter Handke auf die Frage, woher er den Stoff für seine vielen Bücher nehme. Dieses „Reisen" als „Erfahrung", als „Unterwegssein" ist in unterschiedlichen Nuancen das Thema dieses Buches, weil es auch die Grundmelodie alles Lebendigen und das zentrale Thema vom ersten bis zum letzten Buch der Bibel ist. Wer das älteste Buch der Welt unter diesem Vorzeichen zur Hand nimmt und es so zu lesen versucht, versteht seinen eigenen Lebensweg und die darin gemachten Erfahrungen, eingebunden in den Erfahrungsschatz vieler. Gipfelsiege, Glanzleistungen, Irrwege, Umwege und Sackgassen werden dort beschrieben und von Erfahrungen berichtet, deren tiefe Wahrheit und therapeutische Kraft erstaunlich modern wirken und selbst vor den Ergebnissen neurobiologischer Forschung bestehen können.

Immer geht es dabei um Ermutigung, um „Zumutung von innen her", um das Feuer innerer Bereitschaft und wenn nötig um einen radikalen Perspektivenwechsel. So können im Menschen schlummernde Selbstheilungskräfte aktiviert und neue Ziele ins Auge gefasst werden. Selbst dem hochbetagten Abraham gelingt es so noch, aufzubrechen, aus der gewohnten Umgebung wegzuziehen und einen ganz neuen, seinen unverwechselbar eigenen Weg zu gehen. Wer so die Bibel liest, wird staunen, wie erfrischend jung sie ist, was sie den Abenteurern des Lebens auch heute noch zu bieten hat. Sie ist „heilige" Schrift im Sinne von „heilender" Schrift, sie „gehört" nicht nur Juden und Christen, sie ist als gebündelter Erfahrungsschatz Kulturgut der Menschheit und offen für alle, die bereit sind, in diesen Erfahrungsschatz einzutauchen.

Die ermutigende Kraft biblischer Texte ist seit Jahren eine immer wieder auftauchende Begleitmelodie meiner therapeutischen Arbeit. Und das Erstaunliche dabei liegt darin, dass nicht ich als Theologe die Sprache darauf bringe, sondern meine Patienten, die nicht selten dabei auf das kleine Kreuz in der Praxis Bezug nehmen, das manche irritiert, viele erstaunt und von kaum jemandem nicht beachtet wird: Der Konzeptkünstler Werner Hofmeister hatte zunächst für die vierte Klasse einer Volksschule, also für Schüler kurz vor dem „Absprung" in einen neuen Lebensabschnitt, eine Skulptur geschaffen, die den Gekreuzigten am oberen Rand des Längsbalkens als Abspringenden zeigt. Auf dem Querbalken steht das Wort „springboard" – „Sprungbrett" beziehungsweise, wie in der monumentalen Ausführung dieses Werkes am Fuß des Grazer Kalvarienberges, „tabula saltandi" – „Tanzboden". Dieses kleine, von vielen als ungewöhnlich empfundene Kreuz ist mir ein stimmiges Symbol für den beherzten Mut, den ein Mensch braucht, damit sein Leben „gelingen" kann.

Mit „gelingen" ist hier weit mehr gemeint als „Erfolgreich-Sein", es meint jene geheimnisvolle und von außen nicht steuerbare Erfahrung, dass Rückschläge, Enttäuschungen, selbst aussichtslos scheinende Situationen im Leben nicht einfach hingenommen und in Demut ertragen werden müssen, sondern „von innen her" betrachtet zum Sprungbrett, vielleicht sogar nach und nach zum Tanzboden für unerwartet neue Möglichkeiten werden können. In Blickrichtung auf dieses Kreuz sieht der Betrachter in meiner Praxis auch einen kleinen, mir geschenkten Schuh, der unserem Patenkind Samuel zu klein geworden war …

Kaum besser kann ich symbolisch zusammenfassen, worum es in meiner täglichen Arbeit geht, nämlich um die Beseitigung seelischer Leidenszustände und dabei immer zuallererst wohl darum, einem Menschen, der Hilfe sucht, wieder auf die Sprünge zu helfen, ihm beizustehen, damit er wieder festen Boden unter seine Füße und den Mut bekommt, aufzustehen und unter einer anderen Perspektive weiterzugehen. Oder anders gesagt: Es geht darum, einem Menschen, der, aus welchen Gründen auch immer, auf den Wegen seines Lebens den alten Schuhen entwachsen ist, bei der Suche nach „neuem Schuhwerk" behilflich zu sein. Letztlich geht es im besten Sinn des Wortes um „Auferstehung", um die Befreiung aus der Erfahrung des „Aufs-Kreuz-gelegt-und-angenagelt-Seins", es geht um einen Ausweg aus vermeintlicher Ausweglosigkeit, um Hoffnung in zunächst bedrückender Hoffnungslosigkeit. Es geht um das, was Augustin von Hippo in einer seiner großen Reden seinen Zuhörern zuruft: „Sei, der du bist und wachse voran, ein anderer zu werden, als du bist! Denn wo du Halt machst, bleibst du stehen und wenn du sagst ‚Ich habe genug geleistet', bist du verloren!"

Auf der Suche nach neuen Lebensperspektiven die Bibel so in die Hand zu nehmen und zu lesen, erscheint vielen Menschen suspekt. Sie möchten nicht in ein falsches Licht geraten, religiös punziert oder vorschnell als harmlos abgestempelt werden. Mit biblischen Texten macht sich ein Therapeut verdächtig, der Religion sozusagen durch die Hintertür zum Durchbruch zu verhelfen, als ginge es ihm in erster Linie um die Religion und nicht um den Menschen, dem auch die Bibel mit ihrem Erfahrungsschatz helfen könnte.

Dazu kommt, dass Religion im Moment so etwas wie der Stachel im Fleisch vieler zu sein scheint. „Ein Gespenst geht um in Europa – das Gespenst der Religion", hat der Philosoph Peter Sloterdijk vor einigen Jahren schon formuliert und damit einer eigenartigen Angst Ausdruck verliehen. Unbestreitbar ist, dass Religionen natürlich auch gefährlich sein können und in ihrer politischen Gegenwart mit fundamentalistischer Erregungskraft wie ein Sprengkopf wirken. Mit der Religion steht etwas Unkontrollierbares im Raum. Das zeigt sich an der Empfindlichkeit „hochreligiöser" Menschen. Wer Gott beleidigt, verletzt heiligste Gefühle und damit diejenigen, die an ihn glauben. Darum muss hier unmissverständlich gesagt werden, dass in diesem Buch zwar oft in der Sprache der Bibel von „Gott" geredet wird, damit aber nicht die Gottesfrage im eigentlichen Sinn behandelt werden will. Gott wird hier weder bewiesen noch geleugnet, sondern als biblischer Ausdruck für innere Verankerung, Orientierungshilfe und persönlichen Halt wertgeschätzt.

Auch die fundamentale Bedeutung des Ersten und Zweiten Testaments für das Judentum und Christentum ist nicht das Anliegen dieses Buches, vielmehr die in beiden Testamenten verborgene tiefe Weisheit und ein Erfahrungsschatz, der die Bibel über alle religiösen Grenzziehungen hinaus als Lehrmeisterin des Lebendigen ausweist. „Die Wahrheit", hat jemand gesagt, „ist symphonisch"[5], ein Zusammenklang aus vielen Einzelstimmen; dabei ist jede Stimme wichtig und wertvoll, weil sie aus dem Leben, aus konkret-persönlicher Lebenserfahrung kommt. Unterschiede bedeuten dabei nicht Trennung, sondern verschiedene Farben von Wahrheit. Ein Ausspruch des altindischen Herrschers und Buddhisten Ashoka bringt die buddhistische Ansicht auf den Punkt:

„Wer seiner eigenen Religionsgemeinschaft Ehre erweist und die Religionsgemeinschaften anderer verachtet, allein aus Anhänglichkeit gegen die eigene, mit der Absicht, den Glanz der eigenen zu erhöhen, der fügt in Wahrheit seiner eigenen Gemeinschaft schwersten Schaden zu."[6]

Nicht weniger beeindruckend ist das Wort von Mahatma Gandhi:

> *„Ich glaube an die Bibel, wie ich an die Gita glaube. Ich halte alle die großen Glaubensbekenntnisse der Welt für ebenso wahr wie mein eigenes. Es tut mir weh zu sehen, wann immer eines von ihnen verzerrt wird."[7]*

Wer die Bibel mit solchen Augen zu lesen versucht, wird Berührungsängste ablegen und staunen können, wie modern das älteste Buch der Welt ist, wie ewig jung und aktuell seine Perspektiven erscheinen. Diese bündeln sich in einem Anleiten zum „Weise-werden im Raum der Güte"[8], wobei die Sorge um die Identität des Einzelnen und sein Wohlergehen als Grundlage für eine tragfähige Gemeinschaft an erster Stelle stehen.

Das Individuum steht also im Zentrum der Betrachtung. Um diese Identität zu schaffen und zu stärken, gibt es zumindest drei große Erzählstränge in der Bibel. Der Erste zeigt zunächst einmal einen Weg aus der Sklaverei in die persönliche Freiheit auf, der Zweite kümmert sich um das von den Propheten eingemahnte Thema der Reinigung, Klärung, Korrektur und Klarheit und der Dritte legt den Schwerpunkt auf die Erfahrung der Sinn- und Identitätskrise beziehungsweise deren Bewältigung. Biblische Sinn- und Krisenbewältigung erfolgt aber nicht durch beeindruckende Heldentaten, sondern durch persönliche Erfahrungen aus Beispielgeschichten. Dem Leser der Bibel wird rasch klar, dass der biblische Mensch kein gefinkelter Theologe, sondern ein bodenständiger Praktiker ist, der bei allen Unterschieden zum heutigen Menschen zumindest darin mit ihm vergleichbar zu sein scheint, dass auch er schon durch ein vielseitiges Überangebot von Lebensgestaltungsmöglichkeiten verunsichert, gebeutelt und verwirrt ist, nach Orientierung Ausschau hält und oft nur sinnlose Leere ohne Hoffnung und Begeisterung vorfindet.

Die Autorität „heiliger"[9] Schriften

In der rabbinischen Tradition findet sich die Geschichte eines jungen Flüchtlings, der in eine Stadt kommt, deren Bewohner ihn bereitwillig aufnehmen und verstecken. Dann kommen Soldaten auf der Suche nach dem Flüchtling, doch die Bewohner der Stadt behaupten, von nichts zu wissen. Die Soldaten schöpfen Verdacht und kündigen an, die ganze Stadt in Schutt und Asche zu legen, wenn der Flüchtling nicht bis zum nächsten Morgen ausgeliefert wird. Voller Angst kommen die Menschen zu ihrem Rabbi, um ihn um Rat zu fragen. Tief besorgt beginnt er, in der Schrift nach einer Antwort zu suchen. Die ganze Nacht liest er, ohne etwas zu finden. Kurz vor Sonnenaufgang fällt sein Blick auf den Satz: „Es ist besser, dass einer für das ganze Volk stirbt, als dass alle zugrunde gehen."[10] Er ist sich sicher, dass das die Antwort ist und kommt damit zu den Stadtbewohnern. Sie sagen den Soldaten, dass der junge Mann tatsächlich bei ihnen versteckt ist und er wird abgeführt. Der Rabbi aber ist nicht beruhigt. Er setzt sich nochmals über seine Bücher. Ein Engel erscheint und fragt ihn, was er für ein Problem habe. „Ich bin mir einfach noch nicht sicher, ob es richtig war, den jungen Mann auszuliefern", sagt der Rabbi. Der Engel antwortet: „Wusstest du nicht, dass das der Messias ist?" Ungläubig schaut ihn der Rabbi an: „Wie hätte ich das wissen können?", fragt er. „Hättest du dir die Zeit genommen, den jungen Mann aufzusuchen und ihm in die Augen zu schauen, anstatt in den Schriften zu suchen", entgegnet der Engel, „hättest du gesehen, dass er der Messias ist."

Wer die Schrift, aus der der Rabbi liest, vom Leben loslöst, verzerrt ihren Inhalt. Wer die Geschichten von den Menschen loslöst, zu deren Zeit sie entstanden sind, versteht sie falsch. Die Autorität „heiliger" Schriften liegt darin, dass sie über sich selbst hinaus verweisen auf Menschen und die Geschichte ihrer Erfahrungen. Wer das Buch zum Götzen macht, macht die Worte zur letzten Wahrheit und kommt in Schwierigkeiten, so wie der Rabbi in der Geschichte. Wo Schriften und Regeln wichtiger werden als die konkrete Not eines Menschen, verkommt die Sorge um das Wohl eines Menschen zum Lippenbekenntnis.

Eugen Drewermann warnt an vielen Stellen seines umfangreichen Werkes, dass eine Auslegung heiliger Texte, die in der historischen Distanz des gelehrten Bildungswissens daherkommt, von der unmittelbaren Ergriffenheit nichts transportieren könne und in ihrem ganzen Wesen unreligiös und zum Zeugnis gegen sich selber verkommen müsse. Geschichten berühren uns dann, wenn sie uns innerlich anrühren, wenn statt Erinnerung „Verinnerung" möglich wird; statt „Begriffenhaben", „Ergriffensein". Alles andere wäre Heuchelei und Mummenschanz.[11]

Steh auf und geh:
Der Weg nach innen

Selbstwerdung – ein biblisches Grundanliegen

DIE BIBEL auch noch aus einem den religiösen Kontext übersteigenden, ganz anderen Blickpunkt lesen zu können, verdanke ich einem Buch, das mir 1990 zum Geburtstag geschenkt wurde. Die Lektüre schlug bei mir ein wie ein Blitz und wirbelte mein Weltbild gehörig durcheinander, weil sie „Von einem, der auszog, das Leben zu lernen"[12] berichtete und mir nicht nur zum Aufbruch, zur Reise, sondern zu guter Letzt auch zum „Ausbruch" aus meiner damaligen Lebenssituation Mut machte. Seither weiß ich, dass (auch) biblische Geschichten wie Sprengstoff wirken können. Gleichzeitig sah ich alte Texte mit neuen Augen. Plötzlich ging es nicht mehr nur wie im Theologiestudium um den Text und seine Bedeutung für die religiöse Gemeinschaft. Hier und jetzt ging es mit einem Mal um mich.

Mein Leben wurde verhandelt und infrage gestellt. Meine Gefühle und daraus abgeleitete Perspektiven waren plötzlich wichtig. Das kam mir zunächst nicht nur neu, jung und frisch, sondern durchaus auch „gefährlich" vor. Aber stärker als das „Gefährliche" war dann das für mich bis dahin so noch nicht gekannte Gefühl innerer Kraft und Unerschrockenheit. Die Vorsicht und Angst in mir wich meiner Neugier, was zur Folge hatte, dass in meiner Umgebung bald von einer „schweren Glaubens- und Identitätskrise" gesprochen beziehungsweise die Befürchtung geäußert wurde, dass ein so hoffnungsvoll begonnener Weg kirchlicher Karriere scheitern und in der Sackgasse karrieristischer Bedeutungslosigkeit enden müsse.

Niemand aber konnte mich daran hindern, den für mich un-verwechselbar eigenen Weg zu gehen.

Die damals voll Argwohn und mit vorwurfsvoll-bitterem Beigeschmack mir immer wieder vorgehaltenen Schlagworte hießen „Selbstwerdung" und „Selbstverwirklichung". Sie wären die Ikonen der Neuzeit, wurde ich gewarnt, sie würden die Menschen in die „Egoismus-Falle" locken und der persönlichen Freiheit des Menschen Tür und Tor öffnen. Dem gegenübergestellt wurden die Norm der Treue zum einmal eingeschlagenen Weg und das Gebot der sich selbst vergessenden Nächstenliebe. Auf diesem Boden gedieh das Misstrauen gegen „Selbstwerdung" und „Selbstverwirklichung"; diese würden die einseitige Verherrlichung des Lustprinzips bedeuten und als alleiniger Maßstab für Lebensentscheidungen und Lebensführung gelten.

C. G. Jung, neben Freud der zweite Vater der Psychoanalyse, sieht die Selbstverwirklichung anders. Er bezeichnet mit dem Begriff des „Selbst" die Ganzheit unserer Seele im Gegensatz zum „Ich", das nur einen Teil unseres seelischen Lebensbereiches ausmacht. Das Selbst ist gleichsam das Zentrum der Person, von dem alle psychischen Kräfte ausgehen. Es ist zunächst reine Möglichkeit, die zur Wirklichkeit werden kann, wenn das Ich seinen Signalen Beachtung schenkt. Das Ziel des Selbst ist die Selbstwerdung, die Ausbildung und Reifung der individuellen Persönlichkeit.

Marie-Luise von Franz, eine Schülerin C. G. Jungs, vergleicht das Selbst deshalb mit dem Samen einer Bergföhre, in dem das Bild der Bergföhre mit all ihren Möglichkeiten grundgelegt ist, verbunden mit dem Impuls, diese Möglichkeiten zu entfalten.[13] Durch Anpassung an die speziellen Umstände und Bedingungen wie Erdbeschaffenheit, Steine im Boden, Hangneigung, Windlage, Regenmenge und Sonnenbestrahlung wächst dann die dadurch einmalige Bergföhre. Dieses Wachstum des einmalig Einzelnen nennt C. G. Jung „Individuationsprozess"; die Selbstwerdung eine Dynamik, die einen Menschen ein Leben lang begleitet und bis zu seinem letzten Atemzug nicht abgeschlossen werden kann. Es geht also nicht um ungehemmte Lustbefriedigung, vielmehr darum, die eigene Persönlichkeit zu entwickeln und zu leben. Dass das mit Schwierigkeiten und Herausforderungen verbunden ist, ist ebenso zu verstehen wie auch die Tatsache, dass das immer wieder auch mit Rückschlägen und Enttäuschungen zu tun haben wird.

Selbstwerdung ist so betrachtet die schöpferische Verwirklichung des eigenen Selbst und damit die Grundlage einer gesunden menschlichen Entwicklung. Nur wer zu sehen vermag, dass eine so verstandene „Selbstwerdung" biblischen Texten nicht nur nicht entgegensteht, sondern in ihnen geradezu ein Grundanliegen erkennt, wird in der Lage sein, diese Texte im Kontext persönlicher Ermutigung zu lesen. Zahlreiche Bilder und Erzählungen in den biblischen Schriften benennen in diesem Sinn die Selbstwerdung als zentrales Anliegen.

Die Weinberggleichnisse

In ihrem Kern vergleichen die Weinberggleichnisse etwa bei Jesaja,[14] Lukas,[15] und Johannes[16] Gott mit einem Gärtner, der mit sehr viel Liebe, Einsatz und Geduld darum bemüht ist, seine Pflanzungen fruchtbar werden zu lassen. In kirchlichen Kanzelreden ist dieses Bild leider mehrfach zu Gerichtsdrohungen umgearbeitet worden, sodass das „Fruchtbringen" mit einem erhobenen Zeigefinger ausgestattet allzu sehr im Sinne von zu erbringender Leistung gedeutet wurde. Dabei würde ein Blick auf die Natur überdeutlich zeigen, dass

Früchte wachsen und nicht gemacht werden, sie entfalten ihr inneres Potenzial und machen sichtbar, woraufhin sie angelegt sind. „Wachsen" hat mehr mit „gelingen" als mit „machen" zu tun. Darin liegt ein erheblicher Unterschied, den der moderne Mensch nicht mehr ohne Weiteres verstehen kann, weil sein Interesse hauptsächlich leistungs- und „wettbewerbsorientiert" zu sein scheint.

In der momentan herrschenden „Weltordnung" steht der Lauf auf die besten Plätze nach wie vor im Vordergrund. Ohne Ehrgeiz kein Sieg! Ohne Wettbewerb kein Wachstum! Ohne Wachstum keine Weiterentwicklung! Der springende Punkt dieses gefährlichen Kurzschlusses besteht darin, dass das, was wir bisher für „Weiterentwicklung" gehalten haben, im Grunde nur „Spezialisierung" ist. Durch Wettbewerb wird diese Spezialisierung immer weitergetrieben zu etwas, das immer spezieller wird. Um in dieser „Spezialisierungsspirale" erfolgreich zu sein, braucht man, wie uns Gehirnforscher versichern, nicht viel Hirn, weil wir immer nur mehr von dem tun, was bis jetzt schon gut funktioniert hat. Was uns aber mehr Hirn abverlangt und was wir im Kleinen wie im Großen dringend bräuchten, wäre eine gemeinsame Konzentration auf das „Gelingen".

Dabei käme es allerdings darauf an, dass Menschen miteinander eine Kultur des Gelingens entwickeln wollten. Das wäre dann eine Kultur, in der nicht mehr länger Konkurrenten um immer knapper werdende Ressourcen kämpfen, sondern sich um eine Beziehungskultur kümmern, in der Menschen einander einladen, ermutigen und begeistern, ein größeres Gemeinsames miteinander zu fördern. Das setzt allerdings bei allen Beteiligten die Bereitschaft für neue, bisher so noch nicht gemachte Erfahrungen voraus. Zum Gelingen kann man aber niemand zwingen! Begeisterung ist nicht durch Verordnung zu verordnen. Deshalb kann Begeisterung nur spürbar werden, wenn Menschen einerseits wissen, was für sie selbst wichtig und dann aber auch, was für alle Beteiligten bedeutsam ist. Ohne ein solches Einverständnis kann Gemeinsames nicht gelingen.

„Gelingen" ist ein wunderbares Wort, das es im Englischen nicht gibt. Dort spricht man von „success", von „Erfolg". Aber „successful" meint etwas anderes als „gelungen". Durch Wettbewerb entstehen Leistungssportler und Fachleute, die – je gründlicher, umso mehr – zu „Fachidioten" werden, die ausschließlich ihren Erfolg im Sinn haben, wobei sehr oft die Betonung auf „ihren Erfolg" liegt. Um hier besonders erfolgreich zu sein, braucht es eine Welt, die genau so aussieht, wie wir sie im Moment fast überall vorfinden: Wir brauchen nur auszublenden, was uns daran hindert, im Wettbewerb auf Kosten anderer unsere Siege einzufahren. „Wer kurzfristig denkt und möglichst egozentrisch seine Interessen verfolgt, der wird erfolgreich sein", sagt der Gehirnforscher Gerald Hüther. Was uns aber mehr Hirn abverlangt, ist nicht der Erfolg, sondern unsere Konzentration auf das Gelingen. Während der Wettbewerb nämlich auf die Ressourcenausnutzung konzentriert bleibt, geht es beim Gelingen um die Potenzialentfaltung. Was unsere Gesellschaft dringend braucht, damit möglichst viele ihr Leben als „gelungen" und „geglückt" erleben können, ist ein höchst fälliger Wandel von einer „Ressourcenausnutzungskultur" hin zu einer „Potenzialentfaltungskultur". Und genau das ist das zentrale biblische Anliegen der Weinberggleichnisse.

Was wir mit „gelingen" umschreiben, kann man im Grunde gar nicht machen, es muss wachsen. Ich kann mein Bestes geben, kann für optimale Rahmenbedingungen sorgen, weiß aber vorher nie, ob es gelingt. Das Wort „Gelingen" ist so betrachtet vielleicht auch so etwas wie eine gediegene

Umschreibung für das Wort „Nachhaltigkeit". Gemeinsames kann gelingen, wenn Menschen ihre in jeweils unterschiedlichen Lebenswelten gemachten Erfahrungen so zusammenbringen, dass sie mit einer neuen Vorstellung davon, worauf es im Leben ankommt, wieder auseinandergehen. Das wäre dann ein gelungenes Gemeinsames, von dem viele leben können, auf das aber die großen „Macher" keinen direkten Zugriff haben.

Zuversicht, Freude, Begeisterung oder Gelassenheit sind „Früchte", die mit aller Willensanstrengung nicht erzwungen werden können, es sind Effekte, die sich unter bestimmten Voraussetzungen einstellen. Hermann Hesse sagte einmal in diesem Zusammenhang: „Das ist das Herrliche an jeder Freude, dass sie unverdient kommt und niemals käuflich ist!" So betrachtet ist die Rede von Gott als Gärtner in der Bibel nachhaltig-klug, denn von dem, was wachsen kann, hängt zunächst und zuallererst das ab, was Menschen „Lebensqualität und seelische Gesundheit" nennen. Paulus schreibt an die Korinther:

> *„Ich habe gepflanzt, Apollos hat begossen, Gott aber ließ wachsen. So ist weder der etwas, der pflanzt, noch der, der begießt, sondern nur Gott, der wachsen lässt."*[17]

Die Saatengleichnisse

Eine zweite in diesem Zusammenhang wichtige Gruppe sind die Saatengleichnisse, wie wir sie wieder bei Jesaja[18] oder bei Markus[19] finden. Auch hier geht es darum, dass Gepflanztes fruchtbar werden soll. Der Akzent ist hier allerdings anders gesetzt. Im Gleichnis vom Sämann[20] steht das unterschiedliche Schicksal der Saat im Vordergrund.

Was aus ihr wird, ist abhängig von den „Bodenbedingungen", eine eminent wichtige psychologische Aussage, die heute durch die Erkenntnisse der Epigenetik ihre Bestätigung erhält. Das Bild vom Samen der Bergföhre, der auf ganz spezielle und individuelle Umweltbedingungen reagieren muss, als Veranschaulichung der Selbstwerdung findet hier seine biblische Entsprechung.[21]

Einen anderen Hinweis liefert das Gleichnis bei Markus[22] von der selbstwachsenden Saat. Hier wird betont, dass zum Fruchtbarwerden zwar das eigene Zutun erforderlich ist, dass aber das Entscheidende wie von selbst geschieht und in seinem inneren Kern auch nicht durchschaubar ist.

Auch das sind anschauliche Bilder für alles, was „Selbstwerdung" meint und bestätigt die psychologische Erkenntnis, dass Selbstwerdung ein Prozess ist, der sowohl eigenes Zutun erfordert, in entscheidendem Maße aber Effekt ist wie die Frucht in den Weinberggleichnissen. In beiden Bildmotiven geht es um die reife Frucht der Selbstwerdung, um Entfaltung und Verwirklichung der inneren Potenziale eines Menschen. Im Buch der Weisheit heißt es dazu: „Gott hat ... keine Freude am Untergang der Lebenden. Zum Dasein hat er alles geschaffen."[23] Biblische Texte stehen unter diesem unbedingten „Ja" zu allem, was lebt.[24]

Nach innen hören

Als entscheidende Voraussetzung, den Weg der Selbstwerdung überhaupt beschreiten zu können, wird in der Bibel immer wieder das Hören auf die Stimme Gottes genannt. Ich glaube nicht, der Bibel Unrecht zu tun, wenn wir in dieser Stimme Gottes unsere „ur-eigene innere Stimme" erkennen.

Das „Wahrnehmungsorgan" allerdings für diese Stimme ist nicht das Ohr, sondern das „reine Herz" eines Menschen[25], seine „unverbildete", unverdorbene Mitte. Diese Mitte findet sich nicht in erster Linie bei Weisen und Klugen, sondern, wie es bei Matthäus heißt, bei „Unmündigen"[26] oder, wie vorher in den „Seligpreisungen", bei den „Armen im Geiste"[27], bei denen also, die wissen, dass ihr Leben ein Geschenk und nicht das Ergebnis einer persönlichen Leistung ist. Die im Unterschied zu den anderen Quellen bei Matthäus auftretende Erweiterung der Armen „im Geist" bezieht sich wohl auf Menschen, die in ihrem lauteren Herzen geradezu sokratisch weise wissen, dass sie nichts wissen und deshalb beim Versuch, den Grund ihres Lebens zu verstehen, mit leeren Händen dastehen.

Ich scheue mich in diesem Zusammenhang nicht, aus der Sicht der Psychologie diese innere Stimme mit unserem Unbewussten in Verbindung zu bringen. Dort schlummern nämlich die Potenziale eines Menschen wie im Keller vergessene in der Zwischenzeit zur Kostbarkeit herangereifte Weine, die darauf warten, entdeckt und genossen zu werden. Der Prozess der Selbstwerdung, den der Theologe „Glaube" nennt, lebt davon, sich von innen her getragen und geführt zu wissen. Gegen den Vorwurf, hier werde Gott „verpsychologisiert", wandte schon C. G. Jung ein, dass dieses Selbst nie und nimmer an die Stelle Gottes zu setzen wäre, sondern vielleicht ein Gefäß für das ist, was die Theologen „göttliche Gnade" nennen.[28] Das entspricht auch dem Hinweis bei Lukas[29], dass die „Gottesherrschaft" in uns selbst zu finden ist.

Unzählige Legenden aus verschiedenen Zeiten und Kulturkreisen belegen diese menschliche Grundüberzeugung. Eine dieser Geschichten berichtet von zwei Mönchen, die aus ihrer Klosterzelle aufbrechen, weil ihnen versichert wird, wenn sie nur gründlich genug suchten und dabei die ganze Welt durchwanderten, würden sie am Ende das Tor zum Himmel finden können. Alt und erschöpft stehen sie zu guter Letzt tatsächlich vor dieser geheimnisvollen Tür, hinter der sie den Himmel vermuten, stoßen sie erwartungsvoll auf – und stehen in der Klosterzelle, aus der sie vor Jahren ausgezogen sind.

In der Vorrede zu Friedrich Nietzsches Buch „Die fröhliche Wissenschaft"[30] findet sich unter der Überschrift „Unverzagt" ein kurzes, aber in diesem Zusammenhang bedeutsames Gedicht, ein leidenschaftlicher Aufruf, dort, wo wir stehen, zu suchen und dabei nicht auf andere, sondern unverzagt in uns selbst hineinzuhorchen:

> *Wo du stehst, grab tief hinein!*
> *Drunten ist die Quelle!*
> *Lass die dunklen Männer schrein:*
> *„Stets ist drunten — Hölle!"*[31]

Dem Autor geht es hier um Wahrheits- und Selbstfindung. Der Blick wird vom Suchen zum Finden und von oben nach unten gewendet. Nietzsche nennt es „die Treue zur Erde" und versteht darunter das Ja-Sagen zum Diesseits in all seiner Widersprüchlichkeit und seinem Leiden. Nicht mehr der Himmel, die Erde ist der Ort der Suche und des Findens, die Quelle, um die sich alles dreht. Und es ist unschwer zu erraten, dass mit den „dunklen Männern" die in schwarze Talare gehüllten Beamten des Himmels gemeint sind. Es mag verwundern und einige Theologen durchaus verärgern, wenn wir in diesem Zusammenhang Friedrich Nietzsche ein gründlicheres Bibelverständnis attestieren müssen als so manchem Kanzelredner, dessen Argumentation eher dem Blick hinauf und weg von der Erde das Wort redet.

Nach innen wandern

„Reisen wir.
Aber wohin?
Frage ich.
‚Heimwärts'
Aber wo ist das?
Frage ich.
‚Innen'
Sagt die Stimme."[32]

Viele Menschen haben Angst vor ihrem Innenleben. Dort könnte ja tatsächlich „die Hölle" zu finden sein. Schon Blaise Pascal[33] meinte, dass das Unglück des Menschen damit beginne, dass er nicht mit sich allein in einem Zimmer bleiben könne.[34] Wer nie gelernt hat, bei sich zu sein und dort zu bleiben, wer die Kunst nie geübt hat, sich selbst im Nichtstun zu ertragen, wird es schwer haben, die lange und spannende Wanderung in sein Inneres anzutreten. In jedem Fall tut Hilfe durch einen Menschen gut, der in wachsendem Vertrauen ein Stück des Weges in das weite Land des eigenen Inneren mitgeht. Dort schwirren ungeordnet Gedanken und Gefühle herum, deren Sinn zunächst nicht erkannt werden kann. Die psychokriminologische Bedeutung unserer Gedanken und Gefühle erschließt sich nicht ohne Weiteres. Erst nach und nach – je mehr wir darauf achten, umso eher – schließt sich, wenn wir Glück haben, der Kreis des Verstehens und wir finden Wegbegleiter, die in ihrer unverwechselbaren Art und Weise dafür sorgen, dass es uns wie Schuppen von den Augen fällt:

Im vierten Kapitel des Johannesevangeliums[35] wird berichtet, dass Jesus „um die sechste Stunde", also zur Mittagszeit „müde von der Reise" zum Jakobsbrunnen kommt und sich dort allein hinsetzt, um auszurasten. Da kommt eine Frau, um Wasser zu schöpfen. Jesus sagt zu ihr: „Gib mir zu trinken!" Die Frau antwortet ihm: „Wie kannst du als Jude mich, eine Samariterin, um Wasser bitten?" „Die Juden verkehren nämlich nicht mit den Samaritern." In einer anderen Übersetzung heißt es: „Die Juden benutzen nämlich nicht dieselben Schöpfgefäße wie die Samariter." Jesus antwortet ihr: „Wenn du wüsstest, worin die Gabe Gottes besteht und wer es ist, der zu dir sagt: ‚Gib mir zu trinken!', dann hättest du ihn gebeten, und er hätte dir lebendiges Wasser gegeben." Sie sagt zu ihm: „Herr, du hast kein Schöpfgefäß, und der Brunnen ist tief; woher hast du also das lebendige Wasser?" Bist du etwa größer als unser Vater Jakob, der uns den Brunnen gegeben und selbst daraus getrunken hat, wie seine Söhne und seine Herden?"

Der noch heute erhaltene Jakobsbrunnen ist 32 Meter tief. Mit „lebendigem Wasser" ist zunächst „fließendes" und nicht abgestandenes, stehendes Wasser gemeint. Im Ersten Testament wird dieser Brunnen nicht erwähnt. Jesus antwortet ihr: „Wer von diesem Wasser trinkt, wird wieder Durst bekommen; wer aber von dem Wasser trinkt, das ich ihm geben werde, wird niemals mehr Durst haben; vielmehr wird das Wasser, das ich ihm gebe, in ihm zur sprudelnden Quelle werden, deren Wasser ewiges Leben schenkt."

Da sagt die Frau zu ihm: „Herr, gib mir dieses Wasser, damit ich keinen Durst mehr habe und nicht mehr hierher kommen muss, um Wasser zu schöpfen." Er sagt zu ihr: „Geh, ruf deinen Mann und komm wieder her!" Die Frau antwortet: „Ich habe keinen Mann." Jesus antwortet: „Du hast richtig gesagt: ‚Ich habe keinen Mann.' Denn fünf Männer hast du gehabt und der, den du jetzt hast, ist nicht dein Mann. Damit hast du die Wahrheit gesagt." Die Frau sagt zu ihm: „Herr, ich sehe, dass du ein Prophet bist."

Diese Szene im Evangelium des Johannes ist aus mehreren Gründen sonderbar. Ein Brunnen ist im Orient weit mehr noch als in unserem Kulturkreis ein Ort des Lebens und des Überlebens, der in den Psalmen oft besungene „Ruheplatz am Wasser": für Nomaden und ihre Herden eine Art Paradies. Brunnen sind Orte der Begegnung. Aber das Ungewöhnliche an dieser Begegnung zwischen Jesus und der Frau ist der Zeitpunkt. Niemand geht um die Mittagszeit in glühender Hitze zum Brunnen, um Wasser zu holen, es sei denn, er/sie will, aus welchen Gründen auch immer, von den anderen nicht gesehen werden.

Darum nehmen die Exegeten unter Verweis auf den Inhalt des Gesprächs an, dass es sich bei dieser Frau um eine Prostituierte handeln könnte, die deshalb zur Unzeit zum Brunnen geht, um dadurch den verächtlichen Blicken anderer Frauen zu entkommen. Diese Frau also sucht Wasser – und findet in ihrem Gesprächspartner einen Menschen, der um sie weiß, der sie durch und durch zu kennen scheint. Ein außerhalb der Bibel überliefertes Jesuswort sagt: „Begegnet dir ein Mensch, begegnet dir Gott." Immer dort, wo einem Menschen ein Mensch begegnet, der sich diesem Menschen als Mensch erweist, verändert sich die Welt und der Horizont beider. Wem es gegönnt ist, durch persönliche Begegnung so vor sich und seinem Leben zu stehen zu kommen, der wird mit einem neuen Blick in die Zukunft schauen können. Die Frucht aus solcher Begegnung ist nicht mehr die Angst, durchschaut zu werden, sondern eine neue Zuversicht im Blick nach vorne.

Die Samariterin am Jakobsbrunnen sucht Wasser und findet einen Menschen. Dieser verblüfft sie nicht mit seinem „Wissen", sondern damit, dass er „um sie weiß", um ihr bisher gelaufenes Leben, um ihre Geschichte. Sie fühlt sich durchschaut, aber nicht durchleuchtet, erkannt, aber nicht bloßgestellt. Gerade dadurch kann sie selbst mit neuen Augen ihren Blick auf ihr Innerstes, auf ihre unverwechselbare bisher gelaufene Lebensgeschichte richten. Jesus belehrt nicht, er konfrontiert. So öffnet sich ihr eine allzu lange nicht mehr betretene Landschaft. Sie nennt ihn einen „Propheten" und meint damit wohl einen „Engel", wie auch wir jemanden bezeichnen, der uns guttut, einen Boten Gottes, dessen vornehmliche Eigenschaft nicht in erster Linie in „hellseherischer Fähigkeit" besteht, sondern in seiner Art, den Blick auf das im Innersten Versteckte zu lenken, damit es „entdeckt" und „freigearbeitet" werden kann.

Der Brunnen wird so zum Ort der Begegnung und die Begegnung zum Ausgangspunkt einer neuen Standortbestimmung. Egal, was war und gleichgültig, was geschehen wird: Die menschliche Begegnung wird zum Moment der Vergebung und zum Ort der Gnade. Wo das spürbar ist, erntet jeder, obwohl er nicht gesät hat und es wird ihm geschenkt, wofür er nicht gearbeitet hat: Aus seinem Inneren beginnt „lebendiges Wasser" zu fließen. Das in der christlichen Verkündigung so oft ausschließlich auf Jesus bezogene Wort bei Johannes „Wer Durst hat, komme zu mir und trinke. Aus seinem Inneren werden Ströme von lebendigem Wasser fließen"[36] kann guten Gewissens von jedem Menschen behauptet werden, dem es gelingt, in der Begegnung mit anderen Menschen Hebammendienste zu leisten, damit der andere mit neuen Augen ermutigt wird, der zu sein, der er ist und zu werden, was er sich bisher nicht zugetraut hat.

Die vielen Begegnungsgeschichten des Jesus von Nazareth tragen beinahe ausschließlich diese Handschrift. Lukas berichtet: „Und viele Leute suchten ihn festzuhalten, denn eine Kraft ging von ihm aus, und er heilte alle."[37] Die „Lehre" Jesu hat mit Belehrung nichts zu tun, sie lebt aus der Begegnung und der damit einhergehenden Veränderung im Inneren des anderen. Was er dabei zu sagen hat, ist manchmal durchaus nicht angenehm, aber wohltuend ermutigend, heilsam, im besten Sinn des Wortes „therapeutisch", getragen von Achtsamkeit und Wertschätzung. „Er zog in ganz Galiläa umher, lehrte in den Synagogen, ... und heilte im Volk alle Krankheiten und Leiden."[38] Und wenn einige Kapitel später berichtet wird, dass Jesus die Zwölf aussendet „zu predigen und zu heilen"[39], dann ist es im Grunde der Auftrag, mit dem Wort so umzugehen, dass es Wirkung zeigt, Spuren hinterlässt, Hoffnung gibt und Linderung bewirkt. „Predigen" heißt dann, so lange sich mit einem Menschen zu befassen, bis er glauben und spüren kann: Da geht es ja um mich!

Es ist dieser Zusammenhang von Religion und Therapie für Jesus so wesentlich, dass er im 6. Kapitel des Markusevangeliums sagt, die Jünger sollten in die Dörfer Galiläas gehen und die Dämonen austreiben, die Krankheiten heilen und dann davon reden, wie nah Gott den Menschen sei. Da ist es für Jesus ein und dasselbe, ein religiös motiviertes Vertrauen zu bilden und dem Menschen die Angst zu nehmen, die, wird sie nicht beseitigt, ihren Niederschlag in körperlichen Leiden findet. Dabei geht es zuallererst um die Ermutigung, endlich auszusprechen, was viel zu lange unausgesprochen darauf gewartet hat, in Erscheinung treten zu können, an die Oberfläche zu kommen, vernehmbar zu werden. Und mit dem Aussprechen ist eine Art „Schöpfungsakt" vollzogen, eine Art „Befreiungsschlag" gelungen. Gewiss: „Gesagt" ist noch nicht „getan", aber ein erster Schritt in eine unumkehrbare Richtung ist gesetzt, den viele Patienten immer wieder mit dem Gefühl beschreiben, „endlich auf- und durchatmen zu können", „wie neu geboren" zu sein. Der Boden, auf dem solches „Neugeborenwerden" wachsen kann, besteht in der Grundhaltung der unverdienten und bedingungslosen Akzeptanz des anderen Menschen. Kein „du sollst", kein „du musst", auch kein „du wirst jetzt!", sondern einfach nur von Angesicht zu Angesicht „du da", der eine dem anderen in Augenhöhe gegenüber, als Auftakt der Begegnung und Ausgangspunkt kommender Hilfe und Heilung.

Der biblische Zuruf „Steh auf und geh!" bezieht sich also zuallererst auf den inneren Weg, auf die Suche, dort, wo ich stehe. Erst dadurch wächst der Kompass, den ich brauche, um „aus mir heraus" und auf andere zuzugehen. Weil der Mensch ein soziales Wesen ist und ohne den anderen Menschen nicht leben kann, wird er auch auf diesem Weg in sein Inneres verlässliche Wegbegleiter brauchen. Nicht Menschen, die ihn gängeln und ihm sagen, was zu tun wäre, sondern Menschen, die ihn ermutigen, seinen unverwechselbaren eigenen Weg zu gehen.

Ganz im Sinne des Wanderpredigers aus Nazareth hatte vor ihm bereits Sokrates in dieser Weise Schüler um sich versammelt. Sie waren gekommen, weil sich die wohltuende Wirkung dieses Sonderlings in ärmlicher Kleidung auf dem Marktplatz von Athen herumgesprochen hatte. Im Umgang mit seinen Schülern war Sokrates davon überzeugt, dass sich die Wahrheit aus einem Menschen herausarbeiten, gleichsam „herausschöpfen" lasse, dass sie ihm nicht von außen „hineingesagt" werden müsse. Eine ähnliche Überzeugung finden wir rund 800 Jahre später auch bei Augustinus von Hippo, der in seinem Werk „De vera religione"[40] schreibt: „Geh nicht nach draußen! Kehr wieder ein bei dir selbst. Im inneren Menschen wohnt die Wahrheit." Darum soll der Weise von Athen seinen Schülern, die von ihm lernen wollten, zugerufen haben: „Sprich, damit ich dich sehe!" – „Tu' deinen Mund auf und zeig mir, wer du bist!" Erst dann, wenn du sagen kannst, was dich herführt, kann ich dir helfen zu erkennen, was dich weiterbringt. Das Instrument dieses Hebammendienstes ist das (endlich) gesprochene Wort, zu dem jemand, der Rat und Hilfe sucht, ermutigt wird.

Es ist keine Psychotherapie denkbar, die nicht von der Voraussetzung ausginge, dass die Wahrheit in der menschlichen Person selber liege und dort zu finden sei. So ist es nach dem Credo der Psychotherapie möglich, in einem ruhig verlaufenden Gespräch einem Menschen zu zeigen, dass er das, was er sucht, in sich trägt und dort finden kann. Lediglich durch seine eigene Ungeübtheit in der Freiheit des Denkens und des bisher verlaufenen Lebens hatte sich bis jetzt noch nicht entfalten können, was im Menschen darauf wartet, hebammengleich ans Licht zu kommen. Diese Überzeugung ist für jede Art von Psychotherapie essenziell. Die Technik der freien Assoziation, die Sigmund Freud vor über hundert Jahren entwickelte, läuft auf ein unbeweisbares Vertrauen hinaus, dass der Mensch von Grund auf nicht so böse ist, wie er scheinen mag. Selbst das Schlimmste an ihm lässt sich auflösen durch die Macht des Verstehens. Nicht mithilfe des erhobenen Zeigefingers oder eines Moralisierens mit Druck und Zwang, sondern einzig durch ein Begleiten, durch Da-Sein und Gewähren-Lassen. Dabei wird der Verlauf eines Lebens und sein biografischer Hintergrund so lange angeschaut, betrachtet und von allen Seiten bedacht, bis sich klären lässt, woran die Seele leiden mag. Die Seele des Menschen erscheint in dieser Perspektive als ein Organ, das genau weiß, was es braucht, wenn man es sich nur frei artikulieren lässt.

Der Traum als Königsweg ins Innere

Zur inneren Selbstwahrnehmung gehören die Gedanken, die Gefühle und unser Körper. So wie die aufblitzenden Gedanken und Gefühle, so sendet auch unser Körper ständig

Signale aus, die wir entweder überbewerten oder negieren. Die psychosomatische Forschung kann sehr beeindruckend nachweisen, wie sehr Körper und Seele, Gedanken und Gefühle ein großes gemeinsames Ganzes bilden. Je mehr ich also von mir wahrnehme, je angemessener ich darauf reagiere, desto authentischer wird mein Leben verlaufen, desto lebendiger werde ich mich fühlen. Der Indianerhäuptling Tatanga Mani meinte einmal zu einem weißen Besucher:

> *„Weißt du, dass Bäume reden? Ja, sie reden. Sie sprechen miteinander, und sie sprechen zu dir, wenn du zuhörst. Aber die weißen Menschen hören nicht zu. Sie haben es nie der Mühe wert gefunden, uns Indianer anzuhören, und ich fürchte, sie werden auch auf die anderen Stimmen in der Natur nicht hören. Ich selbst habe viel von den Bäumen erfahren: manchmal etwas über das Wetter, manchmal über Tiere, manchmal auch über den großen Geist.“*[41]

Es ist eines der großen Verdienste der Psychoanalyse, den über Jahrhunderte vergessenen, aber in der Bibel als zentrales Anliegen dokumentierten Königsweg zu unserem Inneren, den Traum, wieder in Erinnerung gerufen zu haben. Die 1898 erschienene „Traumdeutung“ datiert Freud in der Überzeugung der Bedeutsamkeit seines Werkes auf 1900 nach. Dabei zeigt er auf, dass die Idee des Traumes mit der Idee seiner Interpretation unauflösbar verknüpft ist, dass also der Träumende selbst und niemand sonst die Kompetenz besitzt, diesen Traum zu deuten. Freilich kann auch hier ein Wegbegleiter nützlich sein, aber nicht als von außen kommender „Traum-Fachmann“, der erklärt, was Träume bedeuten, sondern als einfühlsamer, auf den Inhalt des Traumes konzentrierter Dialogpartner, der so lange ein Deutungsgespräch in

Gang hält und fördert, bis sich für den Träumenden klärt, was dieser Traum als „Brief aus dem Unbewussten"[42] für ihn bedeuten mag.

Die einzige relevante und kompetente Methode der Traumdeutung für Freud ist die Methode der eigenen freien Assoziation, die auf die spontanen Gedanken und Gefühle achtet, die sich bei der Beschäftigung mit dem Trauminhalt regen. Freuds Traumdeutung hat in der Zwischenzeit auf sämtliche Sparten des Geistes- und Kulturlebens einen enormen Einfluss ausgeübt. Ob Literatur, Philosophie, bildende Kunst, Musik, alles hat sich dadurch nachhaltig verändert und wird seither in einem größeren (und tieferen) Kontext gesehen. Ausgerechnet die Theologie scheint bis heute noch eigenartige Berührungsängste zu haben, obwohl ja gerade sie daran Interesse haben müsste, eine wesentliche, über die Jahrhunderte verschüttete und vergessene Dimension des biblischen Weltbildes wieder zugänglich zu machen. Henri Bergson hatte bereits 1901 vorausgesagt, dass die Erforschung des Unbewussten im kommenden Jahrhundert die Hauptaufgabe der Psychologie sein werde. Er sollte recht behalten. Das unsterbliche Verdienst Sigmund Freuds war es dabei nicht, etwas Neues entdeckt, sondern etwas in unserem Kulturkreis wiederentdeckt zu haben, das in anderen Kulturen nicht verloren gegangen war.

Die Traumschule der Senoi

Im Zentralgebirge von Malaysia leben die Senoi, ein Volk sogenannter „Primitiver", mit einer unvergleichlichen Traumschule.[43] Beginnend mit den ersten Worten beim Frühstück dreht sich bei ihnen alles um die Träume der vergangenen Nacht. Die Familienmitglieder erzählen einander ihre

Traumerlebnisse und geben kleinen Kindern erste Anleitungen, die Bedeutung eines Traumes zu verstehen und so das im Traum Erlebte zu entschlüsseln. Im Vergleich zu dieser Tradition scheint der zivilisierte Mensch in der Regel unfähig zu sein, sich mit seinen Träumen zu beschäftigen.

Die Schlafforschung hat gezeigt, dass jeder Mensch vier- bis fünfmal pro Nacht träumt. Er verbringt so circa 20 Prozent seiner gesamten Schlafenszeit im Traumzustand. Wenn sich viele Menschen an ihre Träume nicht erinnern können, bedeutet das nicht, dass sie nicht geträumt haben, sondern dass der Traum durch die ersten Eindrücke beim Erwachen überdeckt, vergessen oder verdrängt wurde. Dieser Vorgang der Verdrängung ist autonom und bewusst kaum wahrzunehmen. Natürlich werden nicht nur Träume verdrängt, sondern alles, was das innere Gleichgewicht gefährden könnte, stürmische Gefühle zum Beispiel oder Aggressionen.

Durch die Verdrängung wird das Bewusstsein freigehalten von Belastungen. Darum bezeichnet Freud den Traum auch als „Hüter des Schlafes", gewissermaßen das „Psychopharmakon der Seele": Während des Schlafes werden die unverdauten Brocken, die im Magen liegen und die den Menschen eigentlich nicht schlafen lassen, so bearbeitet, dass sich der Körper davon relativ unbelastet erholen kann, es sei denn, die Menge der aufgestauten und unverdauten Probleme wird zu groß.

Bei einer solchen Überforderung reagiert dann der Gesamtorganismus unter Umständen mit „Schlafstörungen", die bis hin zu „Schlafumkehr"[44] oder völliger Schlaflosigkeit führen können – alles wichtige Indikatoren dafür, dass der Organismus sein Gleichgewicht verloren hat, dass es hoch an der Zeit ist, für innere Balance zu sorgen. Der starke Anstieg seelischer Erkrankungen in den westlichen Kulturen hat mit großer Wahrscheinlichkeit wohl auch damit zu tun, dass in der Hektik des Alltags die Zeit für psychohygienische Wachsamkeit ein zu großer Luxus zu sein scheint. Diese in westlichen Kulturen wachsende Symptomatik seelischer Störungen ist den Senoi völlig unbekannt. Sie pflegen den Umgang mit Träumen und sind mit ihrem Inneren im Reinen.

Der Traum in der Bibel

Das Verstehen von Träumen und der Umgang mit ihnen ist nicht durch ein Buch zu erlernen und zunächst keine Frage der Methode. Das Beispiel der Senoi zeigt eines: Die Traumkultur wird in der intimsten Beziehung der Eltern zu ihren Kindern übermittelt. Es handelt sich nicht um eine Methode, sondern um die spezifische Einstellung der Senoi zu sich selbst. Das Interesse aneinander und die Achtsamkeit im Umgang miteinander ist die Basis der Traumarbeit, nicht nur bei den Senoi, auch in der Bibel: Schon im Buch Genesis wird der Schlaf in Beziehung gesetzt zu einem Schöpfungsakt: Gott lässt einen tiefen Schlaf über Adam kommen und macht aus einer seiner Rippen die Urmutter aller Lebenden. Nur wenige Seiten weiter deutet Josef die Träume des Pharao und wird dafür reich belohnt. Wörtlich heißt es dort:

> *„Nachdem dich Gott all das hat wissen lassen, gibt es niemand, der so klug und weise wäre wie du. Du sollst über meinem Hause stehen und deinem Wort soll sich mein ganzes Volk beugen. Nur um den Thron will ich höher sein als du."*[45]

In dieser Behandlung liegt eine ähnliche Einstellung wie bei den Senoi, wo es nur einen einzigen Ehrentitel gibt, der sehr begehrt ist, den eines „Tohat", eines heilenden Erziehers. Nur der kann auf Malakka ein „Tohat" werden, der sich durch besondere Kunst in der Traumarbeit hervortut. So setzt auch der Pharao Josef über ganz Ägypten, weil er den Traum als Sprache des Innersten begreift, ein nicht aufgesetztes Wissen, sondern Klugheit, ein Spüren und Ahnen, das den Verstand bei Weitem übersteigt.

Im archaischen Text der Bibel wird der, der auf diese Weise Gottes Wort „versteht", archaisch-magisch als Mann Gottes gewürdigt und „Prophet" genannt. In der Folge wird in der Bibel der Traum an vielen Stellen mit dem Wort Gottes gleichgesetzt, wie zum Beispiel in der Berufungsgeschichte des jungen Samuel: Dieser ist nach dem biblischen Bericht ein Schüler des Priesters Eli und wird von Gott im Traum zum Propheten berufen. Aufgeschreckt aus dem Traum, in dem er sich beim Namen gerufen erlebt, läuft er als gehorsamer Schüler zu Eli: „Hier bin ich, du hast mich gerufen." Doch Eli sagt ihm: „Du hast nur geträumt; leg dich wieder schlafen." Beim dritten Mal erkennt Eli, dass sich diese Traumstimme nicht abschütteln lässt und deshalb rät er seinem Schüler: „Wenn er dich wieder ruft, so antworte: ‚Rede Herr, dein Diener hört!'"[46] Die Erfahrung des Samuel in dieser Erzählung zeigt, was jedem Traumerfahrenen bekannt ist: Träume, die sich wiederholen, unterstreichen die Wichtigkeit ihres Anliegens und damit die Notwendigkeit der Beschäftigung mit ihrem Inhalt.

Im Zweiten Testament ist vor allem das erste und zweite Kapitel bei Matthäus eine Traum-Fundgrube: Nach der Auflistung des Stammbaumes Jesu folgt bereits der erste Traum als entscheidendes Ereignis: Josef beschließt, sich in aller Stille von Maria zu trennen, „weil er gerecht war", wie die Bibel sagt, und er eine Frau, die nicht von ihm schwanger war, nicht in Verlegenheit bringen wollte. Ein Gewissenskonflikt, der letztlich durch eine innere Traumstimme gelöst wird:

> *„Während er noch darüber nachdachte, erschien ihm ein Engel des Herrn im Traum und sagte: ‚Josef, Sohn Davids, fürchte dich nicht, Maria als deine Frau zu dir zu nehmen; denn das Kind, das sie erwartet, ist vom Heiligen Geist ... und man wird ihm den Namen Immanuel geben, das heißt übersetzt: Gott ist mit uns!' Als Josef erwachte, tat er, was der Engel des Herrn ihm befohlen hatte, und nahm seine Frau zu sich."*[47]

Der Traum ist in der Bibel für den Menschen „das effizienteste Instrument, mit dem ihm die Gegenwart Gottes angezeigt wird", würde vielleicht ein Theologe sagen. Ein Therapeut wird nicht so argumentieren, sondern (vielleicht) sagen, dass ein Traum bei allen Unsicherheiten und Schwierigkeiten der Interpretation ein verlässlicher Hinweis darauf ist, dass tief im Inneren etwas vor sich geht, das als „wesentlich", also zum Wesen des Träumenden gehörend registriert und ernstgenommen werden will. Beide könnten sich bei etwas gutem Willen darauf verständigen, wie wichtig es in jedem Fall ist, dieser Traumstimme möglichst bis zur Klärung ihrer inneren Bedeutung Beachtung und Gewicht zu schenken.

Die Stimme des Traumes ist in der Bibel die Stimme Gottes. Die Botschaft des Traumes ist in der Therapie der innerste Ausdruck des Lebendigen. Zwei Aussagen, die sich nicht ausschließen, sondern einander „asymptotisch ergänzen". Beide sind als seelische Landkarten Orientierungshilfen. So erscheint der „Engel des Herrn" den Sterndeutern im Traum und gebietet ihnen, nicht zu Herodes zurückzukehren. Deshalb ziehen sie „auf einem anderen Weg heim in ihr Land"[48]. Und:

„Als die Sterndeuter wieder gegangen waren, erschien dem Josef ein Engel des Herrn im Traum und sagte: ‚Steh' auf, nimm das Kind und seine Mutter, und flieh' nach Ägypten; dort bleibe, bis ich dir etwas anderes auftrage.'"[49]

Oft sind es Träume, die an markanten „Wegkreuzungen" des Lebens ausschlaggebend sind für zu treffende Entscheidungen. Sie sind der „sechste Sinn" unserer Wahrnehmung, der über das Verstehen hinaus im Innersten des Menschen um die Tiefendimension der menschlichen Existenz weiß. Genau das scheint dem aufgeklärten und allseits orientierten Menschen der Jetztzeit verloren gegangen zu sein, den Senoi nicht. Sie leben nicht nur in paradiesischer Umgebung, sie sind auch innerlich im Garten Eden, in Einheit mit der Schöpfung und dem Schöpfer. In ihrem archaischen Denken ist schon der mit dem Ewigen und Unfassbaren verbunden, der seine Träume zu akzeptieren und zu verstehen versucht. Das nützt nicht nur, es gibt Kraft und innere Motivation, wie das auch die Indianer noch wissen: „Wenn meine Krieger keinen Mut zum Träumen haben", sagt ein Stammeshäuptling, „dann fehlt ihnen auch die Kraft zum Kämpfen". In diesem Zusammenhang hat schon C. G. Jung als einer der großen Traumpioniere darüber geklagt, dass die christliche Kultur gerade deshalb sich in erschreckendem Ausmaß als hohl erweise und zu äußerlicher Politur verkomme, weil der innere Mensch davon unberührt und in der Folge unverändert bleibt. Traumverweigerung ist so verstanden der erste Schritt zur Lebensverweigerung.

„Träume sind Schäume", sagen wir abschätzig. Träume sind aber vielmehr „Briefe aus dem Unbewussten", sie übermitteln dem Träumenden Botschaften, die für ihn in besonderen Entwicklungsphasen oder Krisensituationen – aber nicht nur dort – außerordentlich wichtig und im besten Sinn des Wortes „lebensnot-wendend" sein können. Träume sind die Königsstraße zum Innersten eines Menschen; der biblische Mensch weiß: Träume sind „Botschafter Gottes". Im Buch Ijob steht unter der Überschrift „Gottes vielfältige Zeichen":

> *„Denn einmal redet Gott*
> *und zweimal, man achtet nicht darauf.*
> *Im Traum, im Nachtgesicht,*
> *wenn tiefer Schlaf auf die Menschen fällt,*
> *im Schlummer auf dem Lager,*
> *da öffnet er der Menschen Ohr.* "[50]

Ijobsbotschaft und Ijobs Botschaft

Das Buch Ijob, eine Perle der Weltliteratur, stammt in seiner heutigen Form aus der Zeit um 200 vor Christus, die Thematik war aber bereits vor dieser Zeit in Israel bekannt.[51] Die in Prosa gehaltene Rahmenerzählung geht auf eine alte Volksüberlieferung von einem vorbildlichen, frommen und gerechten Mann zurück. Religionsgeschichtlich betrachtet ist das Schicksal des Ijob wohl eines der ältesten Zeugnisse eines Rechtsstreites zwischen dem Schöpfer und seinem selbstbewussten, unerschrockenen Geschöpf.

Gott ist stolz auf den vorbildlich-frommen Ijob, der Satan allerdings hegt den Verdacht, dass Ijob nur deshalb glaubt, weil es ihm gut geht, diesen Glauben aber fallen lässt und aufgibt, sobald ihm dieser keinen Wohlstand mehr garantiert. Gott und der Satan schließen daraufhin eine Wette ab. Ijob wird so zum göttlichen Versuchsobjekt, der Schlag um Schlag alles verliert. In der Folge jagt eine „Ijobsbotschaft" die nächste:

Seine Herden werden ihm gestohlen, Hab und Gut ein Raub der Flammen, Söhne und Töchter kommen ums Leben und schließlich wird Ijob selbst mit Krankheit geschlagen. Da kommen drei Freunde, um ihn zu trösten; was sie sehen, lässt sie verstummen:

> *„Sie saßen bei ihm auf der Erde sieben Tage und sieben Nächte; keiner sprach ein Wort zu ihm. Denn sie sahen, dass sein Schmerz sehr groß war."*[52]

Ijob ergreift in seiner Verzweiflung das Wort und verflucht seinen Tag: „Ausgelöscht sei der Tag, an dem ich geboren bin, die Nacht, die sprach: Ein Mann ist empfangen."[53] Der erste Freund bricht sein Schweigen und versucht zu „trösten", indem er erklärt, warum nach dem göttlichen Plan das alles so verlaufen müsse:

> *„Wohl dem Mann, den Gott zurechtweist. Die Zucht des Allmächtigen verschmähe nicht! Denn er verwundet, und er verbindet, er schlägt, doch seine Hände heilen auch."*[54]

Mit solchen und ähnlichen Argumenten versuchen die Freunde, einer nach dem anderen auf Ijob einzureden und ihm zu verstehen zu geben, dass er nur seine Schuld bekennen müsse, um vor Gott wieder als Gerechter dazustehen. Ijob aber wehrt sich dagegen. Er ist sich keiner Schuld bewusst und lässt sich diese auch nicht einreden. Er möchte nur wissen, was hier gespielt wird: „Ich will mit dem Allmächtigen reden, mit Gott zu rechten ist mein Wunsch."[55]

Im Buch Ijob geraten im Grunde zwei Gottesbilder aneinander:
Ijob sieht in Gott einen Gesprächspartner in Augenhöhe.

Er erhebt Anklage, weil er nicht verstehen kann, in welch „teuflisches Spiel" er hier geraten ist; er ist sich keiner Schuld bewusst, lässt sich diese von seinen Freunden auch nicht einreden, wehrt sich mit aller Kraft dagegen und verlangt nach Aufklärung: „Gäbe es doch einen, der mich hört. Das ist mein Begehr, dass der Allmächtige mir Antwort gibt."[56] Gott schweigt zu diesen Fragen, Ijob verliert aber trotzdem nicht die Hoffnung, diesen fernen, abwesenden, schweigenden Gott endlich schauen zu können: „Doch ich, ich weiß: Mein Erlöser lebt, als Letzter erhebt er sich über dem Staub."[57]

Das hier von Ijob gezeigte unerschütterliche Selbstbewusstsein eines Menschen vor Gott, das sich auch durch die Erfahrung der totalen Abwesenheit Gottes nicht aus der Fassung bringen lässt, ist einzigartig in der Religionsgeschichte. Die nüchterne Lebensbilanz des Ijob lautet geradezu schmerzlich beindruckend: Ijob bringt der Glaube nichts ein, er macht sich keine Illusionen, er bekommt keine Antwort auf seine Fragen, aber er schließt zum Ende doch mit einer neuen Erfahrung: „Aufs Hörensagen des Ohrs habe ich dich gehört, jetzt aber hat dich mein Auge gesehen."[58] Die Botschaft des Buches Ijob ist nüchtern: Unglück ist keine Folge von Schuld, und Gerechtigkeit ist keine Garantie für das Glück. Die letzte Gerechtigkeit, die Ijob entdecken kann, lautet: Der Glückliche und der Unglückliche landen beide in der Erde und Gewürm deckt sie zu. „Zur Grube ruf ich: Mein Vater bist du! Meine Mutter, meine Schwester!, zum Wurm."[59]

Ganz anders das Gottesbild seiner Freunde: Sie haben für alles eine Erklärung und transportieren in ihren „Tröstungen" ein moralisierendes, archaisches Gottesbild, das das Leid aus der Schuldverstrickung des Menschen erklären will, ihm daher ständig ein schlechtes Gewissen mit auf den Weg gibt, im Grunde den Menschen klein macht und klein hält, damit Gott groß sein kann. Das Gottesbild der Freunde offenbart sich, wenn sie zu reden beginnen. Aber sie können Ijob damit nicht trösten, denn sie argumentieren auf der Basis eines traditionellen Weltbildes, mit dem sie Ijob nicht mehr erreichen. Trotzdem wälzen sie ein und dasselbe Argument hin und her: Die Lage Ijobs zeige, dass er vor Gott Schuld auf sich geladen habe. Der Gerechte werde von Gott mit Gesundheit und langem Leben belohnt und gesegnet, der Schuldige müsse seine Schuld eingestehen, um vor Gott wieder Gnade erlangen zu können. Also reden die Freunde auf Ijob ein und raten ihm, seine Schuld zu bekennen und vor Gott Buße zu tun. Dieser aber wehrt sich, er ist sich keiner Schuld bewusst:

> *„So wahr Gott lebt, der mir mein Recht entzog,*
> *der Allmächtige, der meine Seele quälte:*
> *Solange noch Atem in mir ist*
> *und Gottes Hauch in meiner Nase,*
> *soll Unrecht nicht von meinen Lippen kommen,*
> *noch meine Zunge Falsches reden.*
> *Fern sei es mir, euch Recht zu geben,*
> *ich gebe, bis ich sterbe, meine Unschuld nicht preis.*
> *An meinem Rechtsein halt ich fest und lass es nicht;*
> *mein Herz schilt keinen meiner Tage."*[60]

Das Welt- und Gottesbild der Freunde Ijobs trägt das Muster einer naiven, archaischen Religiosität, die Strafandrohung und Schutzzusage zu vereinen versucht: Sie versuchen, in einem Atemzug mit Gott zu drohen und unter Hinweis auf seine Liebe mit Gott zu trösten. In dieser wenig ermutigenden Gleichzeitigkeit offenbaren sich die Rahmenbedingungen eines archaischen Gottesbildes unter der Devise: „Wen Gott liebt, den züchtigt er."

Die Haupttugend eines solchen moralisierenden Gottesglaubens ist der Gehorsam nach der Devise „blind gehorchen und aufs Wort parieren". Schon Martin Luther weist darauf hin, wer an einem solchen Gottesbild aus verständlichen Gründen ein besonderes Interesse haben wird: „Feldwebel, Schulmeister, Pfarrherren und Landesherren." Ihr gemeinsames Interesse bestünde darin, so Luther, das Selbstbewusstsein des Menschen zu brechen, das Selbst des Rekruten, des Kindes, des Gläubigen, des Bürgers klein und gefügig zu halten. Dabei geht es um das Kostbarste, das ein Mensch haben kann, sein „Wollen", sein „Können", sein persönlichstes „Vermögen" als der unverwechselbare Fingerabdruck seiner Seele ist, um das also, was er und nur er „vermag". Manipuliertes, missbrauchtes, gebrochenes oder verbogenes Wollen führt niemals ins Leben, sondern in die Depression. Ein solches Gottesbild war die Zielrichtung der Freud'schen Religionskritik, weil es abhängig und krank macht. Ein solcher Glaube ist gefährlich und das Gegenteil von Ermutigung.

Am Schluss des Buches Ijob ergreift Gott selbst das Wort und weist die Freunde zurecht: „Ihr habt nicht recht von mir geredet wie mein Knecht Ijob."[61]

Ijob und Freud sind sich in ihrer Kritik darin einig, dass ein naiv-archaisch-moralisierender Gott ein Götze ist und den Menschen nicht erlösen und befreien kann. Im Unterschied zu Freud sieht Ijob dagegen aber einen Gott, der Beziehung ist und nicht mit Metaphysik, Moral oder Weltanschauung verwechselt werden darf. Ijobs Haltung Gott gegenüber zeigt, dass es nur einen einzigen Grund zu glauben gibt, und das ist Gott. Wie es nur einen einzigen Grund für die Liebe gibt, nämlich die Liebe und einen einzigen Grund für das Leben, nämlich das Leben. Leben genügt dem Leben, Liebe genügt der Liebe, der Glaube genügt dem Glauben. Dieser Glaube muss nutzlos und zwecklos sein, nur dann ist er sinnvoll und Ausdruck von Freiheit.

In der Auslegung biblischer Texte wird manchmal von Gott zu groß und vom Menschen zu klein geredet. Bescheidenheit, Demut und Gehorsam werden überbetont und „das stumme und ergebene Lamm, das zur Schlachtbank geführt seinen Mund nicht auftut"[62], zum Vorbild erhoben. Eine leidenschaftliche Ermutigung dazu, die Stimme zu erheben und wenn nötig mit heiligem Zorn zum brüllenden Löwen zu werden und Aufklärung zu verlangen über das „teuflische Spiel", das mit den Menschen getrieben wird, ist in diesem Zusammenhang nicht leicht zu finden, wenngleich in vielen biblischen Texten – ganz besonders im Buch Ijob – wunderbar grundgelegt.

Das Buch Ijob zeigt: Als Glaubender hat man es schwerer in der Welt bei der Zusammenschau von Leiden, Unrecht und Gegenwart Gottes. Bereits Ernst Bloch hat darauf hingewiesen, dass es Atheisten diesbezüglich leichter haben. Aber die Kritik der Atheisten ist mit der Kritik Ijobs an Gott nicht zu vergleichen, weil der Atheist an Gott ja nicht festhält, sondern im Lauf der Dinge einen gut nachvollziehbaren Hinweis darauf sieht, dass es da weit und breit keinen (gerechten und schon gar guten) Gott geben kann, und auf einen leidenschaftlich strafend um sich schlagenden Gott könne man ja leicht und gern verzichten.

Ijob dagegen hält durch alle leidvolle Erfahrung hindurch an Gott fest, spielt das Leid nicht herunter, verklärt es auch nicht und versucht schon gar nicht, so wie seine Freunde, „gute Gründe" dafür zu finden. Ijob will durch alle seine Erfahrungen hindurch nicht von Gott los, er will nur wissen, was mit Gott los ist. Dieser Gott ist für ihn kein Pädagoge, der Leid schickt, um die Menschen zu prüfen. Gott ist für Ijob Gott und bleibt Gott, auch und vor allem deshalb, weil er ihn nicht begreifen kann.[63]

Eine biblische Rezeption, die in der Tradition von Ijobs Freunden argumentiert, wird die „Ergebenheit" Ijobs überbetonen, während sein Widerstand Nebensache wird:

> „Nackt kam ich hervor aus dem Schoß meiner Mutter;
> nackt kehre ich dahin zurück.
> Der Herr hat gegeben, der Herr hat genommen;
> gelobt sei der Name des Herrn."[64]

Bibelkenner, zu Ijob befragt, zitieren oft diesen Satz. Sie verbinden mit dem Buch, das sie zu kennen meinen, sehr oft nicht das Festhalten an Gott in Zusammenhang mit dem heiligen Zorn und dem selbstbewussten Aufbegehren, sondern ausschließlich Demut, Gehorsam und Ergebenheit.

Sparselinienzeichnung a 28. April 1983 · Schnitt, muddlet Der Wald

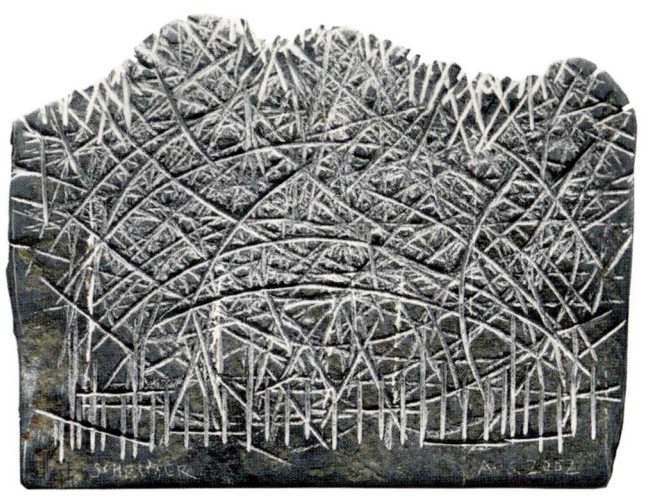

Liebe, oder:
Was Selbstwerdung fördert

Die biblische Rede von der Liebe

RELIGION UND SEXUALITÄT sind beide im Wesen des Menschen angelegt und in seiner Natur begründet. Im Christentum hat das zu einer spannungsreichen und ambivalenten Grundhaltung geführt: Im Lauf der Zeit bestimmten vehemente Schuldgefühle, Gewissenskonflikte wegen ständiger „Verbotsüberschreitungen" und generelle Angst den christlichen Alltag. Die ablehnende Einstellung zum Erotischen, die Lust- und Sexualfeindlichkeit der christlichen Kirchen ist Thema vieler Bücher und Abhandlungen, bei deren Lektüre ein eigenartiger Nachgeschmack bleibt, weil zu oft der Eindruck entsteht, dass der Versuch einer soliden Argumentation bei einer ermüdenden Polemik stecken bleibt und dem Thema nicht gerecht wird.

Lange vor ihrer christlichen Ausdeutung bestimmt vitale Kraft die jüdische Welt. Dies beginnt bereits bei dem abstrakten Begriff „Liebe". Wenn die hebräische Bibel von der Liebe redet, verwendet sie dasselbe Wort für die Liebe Gottes und die Liebe des Menschen: „ahab" heißt „lieben", „ahabah" – „die Liebe". Ähnliche Sparsamkeit herrscht im Bereich der menschlichen Liebe vor. Dieselbe Wortfamilie steht für die Liebe zum Nächsten wie für die sinnliche Erotik. Die hebräische Bibel kennt also weder die christliche Differenzierung zwischen himmlischer und irdischer Liebe noch teilt sie die menschliche Existenz auf zwischen „heilig" und „weltlich".

In der jüdischen Kultur heißt „lieben" in erster Linie nicht, von einer heftigen, aber womöglich flüchtigen Leidenschaft ergriffen zu werden, Liebe begegnet uns auch weniger in einer möglichen Wahlfreiheit des Menschen, ob er lieben will oder nicht, denn Liebe ist sein innerstes Vermögen. Er hat nur die Freiheit zu lieben, was er lieben will. Diese Wahl entscheidet darüber, was aus ihm wird. In der hebräischen Bibel ist die Liebe weniger Rausch und Entzücken als vielmehr Ergriffenheit und Sorge um das Wohl des anderen. Darum gibt es auch im Ersten Testament keinen anderen Grund, warum Gott Israel erwählt haben soll, als seine freie, unverdiente, eigenwillige Liebe. Jahwe formuliert gegenüber Menschen einen unbedingten Anspruch. Er zeigt sich als ein zärtlicher, aber auch als ein eifersüchtiger und zorniger, in leidenschaftlicher Liebe zu seinem Volk entbrannter Gott.

Das Buch Hosea

Die Unbekümmertheit, mit der das Erste Testament von der Liebe redet und dabei ohne Weiteres zwischen der Liebe zu Gott und den Menschen hin- und herwechselt, ist besonders deutlich im Buch Hosea nachzulesen. Dort wird der Kampf gegen die Tempelprostitution, den Israel im Namen seines auf Alleinherrschaft pochenden, eifersüchtigen Gottes aufnimmt, besonders deutlich in der Geschichte des Propheten Hosea erzählt, der Mitte des 8. Jahrhunderts vor Christus im nördlichen Königreich Israels lebt. Er heiratet auf Befehl Jahwes seine Frau Gomer, die ihm drei Kinder gebiert, denen er symbolische Unheilsnamen gibt. Hosea liebt seine Frau, sogar so sehr, dass er sich nicht scheut, sich lächerlich zu machen. Zugleich aber verachtet er sie auch, weil sie am promiskuitiven Höhenkult teilnimmt und deshalb in seinen Augen ein „Hurenweib" ist. Nach israelitischer Tradition geht eine Frau durch Heirat in den Besitz des Mannes über, und so fühlt sich Hosea legitimiert, einerseits der erotischen Faszination Gomers nachzugeben, andererseits verkündet er, dass Jahwes einzigartiger Liebe zu seinem Volk auch bedingungslose Erwiderung gebührt und Israels Höhenkult folglich ein Verrat an Jahwe ist.

Hosea trägt so den Konflikt seines Volkes zwischen Eros und Ethos in seiner eigenen Ehe aus. Er fühlt sich von Gott ermutigt und setzt sich daher der Ambivalenz seiner Regungen und Überzeugungen aus. Alle seine polemischen Verurteilungen des Höhenkultes richten sich sowohl gegen seine Frau Gomer, die offenkundig untreue, unzüchtige, schamlose Frau, und gegen sein Volk Israel, dem er heidnisches Treiben, heillose Verwilderung der Sitten und wollüstige Befriedigung niedriger Instinkte vorwirft.

Vielleicht hat Hosea anfangs gehofft, er könne seine Frau von ihrer Leichtfertigkeit abbringen, oder er hat geglaubt, es bedürfe nur der Liebe eines Mannes, um sie auf den Pfad der Tugend zurückzubringen. Da wäre er nicht der erste Romantiker und seine Frau Gomer so etwas wie die „pretty woman" der Bibel. Er wäre damit wohl auch nicht der letzte Romantiker, der diese Hoffnung hegt und bitter enttäuscht wird. Hosea als der betrogene Ehemann beschließt, dieses Schauspiel zu beenden, indem er seine Frau verkauft. Aber der „arme Teufel" muss feststellen, dass er nicht von ihr loskommt, er liebt sie trotz ihrer Treulosigkeit. Und so kauft er sie zurück, entschlossen, sich nicht noch einmal täuschen zu lassen. Er schleppt sie in die Wildnis, sodass sie sich keine anderen Liebhaber nehmen kann. Er allein wird sie umwerben, er allein ihre Leidenschaft befriedigen. Und langsam, nach und nach, wird er ihre Loyalität und ihre Liebe gewinnen, sodass ihr Verlangen umherzustreifen nachlassen und schließlich ganz verschwinden wird ...

Die unbekümmert mutige Wendung dieser dramatischen Liebesgeschichte im Buch Hosea besteht darin, dass der Prophet sein eigenes Schicksal mit dem Schicksal Jahwes vergleicht und sich solchermaßen selbst autorisiert, dem Volk eine Standpauke zu halten. Er sieht in seiner eigenen tragischen Erfahrung ein Gleichnis für das Verhältnis zwischen Gott und seinem auserwählten Volk. Gleicht dieses vor Jahrhunderten besiegelte Bündnis nicht einer Ehe? Und verhält sich das Volk Israel nicht wie eine Dirne? Warf es sich nicht schon beim Hochzeitsfest am Fuße des Sinai einem anderen Liebhaber, dem goldenen Kalb, in die Arme, während Moses auf den umwölkten Höhen des heiligen Berges den Pakt mit Gott schloss?

Dem Eros-skeptischen Christen mag es einen Schock versetzen, wenn er entdeckt, dass Hosea dasselbe hebräische Wort für seine sinnliche Liebe zu Gomer benutzt wie für die reine, geistige Liebe Gottes zu den Menschen. Die Liebe Gottes erscheint daher nicht als nebulöse Eigenschaft außerhalb des Bereiches menschlicher Erfahrung, sondern gleicht der Liebe zwischen Frau und Mann. Unbekümmerter, deftiger, konkreter und anschaulicher wird nirgendwo sonst in der Bibel von der Liebe geredet.

Jesus, der Liebhaber

In der Gestalt des Wanderpredigers aus Nazareth besitzt das Christentum den Inbegriff der Eros-Freundlichkeit. Heinrich Böll verweist in diesem Zusammenhang auf eine Theologie der Zärtlichkeit im Neuen Testament: eine „Zärtlichkeit", die in Worten, Handauflegungen, sprichwörtlichen „Streicheleinheiten", Küssen und gemeinsamen Mahlzeiten immer heilend wirkt. Durch eine radikale „Verrechtlichung" der theologischen Sprache sind im Laufe der Zeit aus einem lebendigen Text ein Dogmenkatalog und ein Katechismus geworden, die das Zärtliche aus dem Zweiten Testament vertrieben und es „in Anbrüllen, Anschnauzen verwandelt"[65] haben.

Ein religiöser Mensch, erst recht, wenn er sich auf die Bibel beruft, muss wissen, wie man streichelt, tröstet, Nähe spürbar macht. Ein neues Verständnis von Religion muss auf die Suche gehen nach dem Verlorenem und Verdrängten rund um alles, was mit Sexualität zu tun hat. So verschieden Eros und Religion auch sein mögen, so wenig darf man sie auseinanderdividieren oder gar behaupten, das eine hätte mit dem anderen nichts zu tun. „Viel zu sehr hat sich die Theologie der Vergangenheit das Geschäft des moralischen Wächters aufzwingen lassen und sich auf ethische Urteile und Grenzkorrekturen beschränkt, gleichsam als kirchlich-moralisches ‚Frühwarnsystem' fungiert."[66]

Das alles lässt sich durch genaues Lesen der Bibel gründlich widerlegen und aus jesuanischer Perspektive nachhaltig korrigieren. Die unbekümmerten Umarmungen und sinnlichen Gesten, das gemeinsame Essen und Trinken, die Fußwaschungen und Gespräche sind Zeichen für eine erotische Kultur, die mehr umfasst als reine Sexualität. Wir haben in Jesus einen liebenden Menschen vor uns, eine Inkarnation der Erotik Gottes und damit letztlich einen „Archetyp des Liebhabers", auch wenn uns die asketische hellenistische Auslegungstradition dies lange unterschlagen hat.

Jesus als Liebhaber zu bezeichnen, mag ungewöhnlich erscheinen, aber ein Blick auf sein Leben beleuchtet gerade das: der Liebhaber der Armen und Unterdrückten, der Liebhaber des Weines und des guten Essens, der Liebhaber seiner Freunde, der in seiner Umgebung auch nicht davor zurückschreckt, Frauen dazuzuzählen. Anders als die Glaubensgemeinschaft der Essener, die nicht nur Reichtum und Luxus, sondern auch die Frauen wegen ihrer Sinnlichkeit und angeblichen Triebhaftigkeit verachten, verhält sich Jesus ohne Vorurteile gegenüber dem anderen Geschlecht. Der Theologe Erich Zenger schreibt:

> *„Jesus kennt keine unverzeihlichen Sünden. Für Jesus gibt es das alles nicht, was wir verlorene Unschuld, zerbrochene Ehen und verpfuschtes Leben nennen. Nur eine unvergebbare Sünde kennt auch er: die Sünde wider den Geist, nämlich nicht bereit zu sein, zu vergeben, nicht bereit zu sein, dem Menschen zu helfen, sich selbst als Mensch und als Kind Gottes annehmen zu dürfen."*[67]

Wer die Bibel gründlich studiert, wird bald feststellen müssen: Nicht das Christentum war asketisch, leibfeindlich, Eros-skeptisch oder erdrückte mit der Last seiner moralischen Kreuzesethik die blühende Liebeskultur der Antike. Vielmehr brachte der niedergehende Hellenismus asketische Tendenzen in das Christentum, die bereits in den Paulusbriefen aufblitzen. Die Aufspaltung des Begriffs „Liebe" in Eros und Agape, Philia beziehungsweise Libido und Caritas führte zu einer verstümmelnden Reduktion der Bedeutungsvielfalt, die den Glauben vom alltäglichen Leben, die Religion von der Politik, die Privatheit von der Öffentlichkeit rigoros zu trennen und das alles in den Kategorien und mit der Sprache des „Rechts" zu regeln versucht. In der Folge unterscheidet man streng zwischen einer sakralen und einer profanen Welt, zwischen heilig-religiösen und sündig-weltlichen Bezirken, zwischen Himmel und Hölle, zwischen Schwarz und Weiß. Und diesen Bereichen werden dann spezifische Lebensformen zugeordnet. In den biblischen Texten finden sich so gut wie keine Legitimierungen dafür.

Erwin Ringel kommt in seiner feurigen „Rede über Österreich" auch auf dieses Thema zu sprechen und fragt, ob dadurch nicht aus einer lebendigen Religion eine tote gemacht wurde. Er erinnert darin an Lotte Ingrisch, die das Textbuch zu „Jesu Hochzeit" geschrieben hat. Die bloße Tatsache, dass darin Jesus und Maria als ganz normale Menschen mit menschlichen Eigenschaften und Schwächen geschildert waren, hatte genügt, eine hysterische Massenreaktion auszulösen. Sühne-Prozessionen mit Kindern wurden organisiert, Drohbriefe mit Todes- und Verdammungswünschen geschrieben und versucht, die Uraufführung durch den Staatsanwalt verbieten zu lassen. Protestaktionen und Schreiexzesse im Theater fanden statt, Besucher wurden belästigt und Stinkbomben geworfen …

Mögen aus heutiger Sicht solche Reaktionen unwahrscheinlicher erscheinen, undenkbar sind sie immer noch nicht. Schon ein oberflächlicher analytischer Blick in kleine und größere religiöse Gemeinschaften zeigt, wie gefährlich es ist, Menschliches zu verleugnen, nicht wahrhaben zu wollen und, wenn irgendwie möglich, zu eliminieren. Wo „Mensch-werdung" und „Mensch-sein" nicht stattfinden dürfen, geht nicht nur die Liebe verloren, mit ihr stirbt auch die Lebensqualität und die seelische Gesundheit einer ganzen Gesellschaft. Aus Lebendigem wird so ein theoretisches, totes System.

Das biblische Doppelgebot

Im Matthäusevangelium antwortet Jesus auf die Frage eines Gesetzeslehrers nach dem wichtigsten Gebot:

> *„Du sollst den Herrn, deinen Gott, lieben mit ganzem Herzen, mit ganzer Seele und mit all deinen Gedanken.*

*Das ist das wichtigste und erste Gebot. Ebenso wichtig
ist das zweite: Du sollst deinen Nächsten lieben wie dich
selbst. An diesen beiden Geboten hängt das ganze Gesetz
samt den Propheten.*"[68]

Der psychokriminologische Kunstgriff dieser Antwort ist
doppelt pointiert: Zunächst durchschaut Jesus die List der
Fragestellung und lässt sich von seinem Gesprächspartner
nicht in die „Entweder-Oder-Falle" locken. Wenn er nämlich
der Gottesliebe den Vorzug gäbe, würde ihm die Unterbe-
wertung der Nächstenliebe vorgeworfen, stellte er aber die
Liebe zum Menschen an die erste Stelle, sähe er sich mit dem
Vorwurf der Gotteslästerung konfrontiert.

Nach der Botschaft der biblischen Propheten und des Zweiten Testamentes führt der Hauptweg zu Gott über die tätige
Zuwendung zum Menschen. Aus biblischer Sicht ist die Frage nach Gott deshalb nicht von der Frage nach dem Menschen zu trennen. Jesus macht deshalb aus dem Wichtigsten
ein „Doppeltwichtigstes" und splittet die zweite Hälfte noch
einmal: „Liebe deinen Nächsten wie dich selbst." So bleiben
beide Fragen aufeinander verwiesen, nicht aber als diploma-
tischer Schachzug, sondern als Programm gelebter Praxis:
Ein außerhalb der Bibel überliefertes Jesuswort sagt ganz in
diesem Sinne: „Begegnet dir ein Mensch, begegnet dir Gott."
Wer von Gott redet, ohne dabei den Menschen mit einzube-
ziehen, wirkt genauso töricht, wie der, der vom Menschen
redet, ohne dabei Gott miteinzubeziehen. Ein Irenäus von
Lyon zugeschriebenes Wort lautet: „Die Ehre Gottes ist der
lebendige Mensch." Und die Mystikerin Simone Weil[69] sagt:
„Nicht daran, wie einer von Gott redet, erkenne ich, ob seine
Seele durch das Feuer der göttlichen Liebe gegangen ist, sondern, wie er von den irdischen Dingen spricht."[70]
Demnach steht zuallererst, aber untrennbar mit dem nachfol-

gend Formulierten, die Liebe zu Gott an oberster Stelle, aber nicht als militärisch verordneter „Gottesdienst" im Sinne einer zu leistenden Pflicht, sondern als Bewusstsein, dass das Leben eines Menschen nicht das Produkt seiner Tüchtigkeit ist. Die Liebe zu Gott ist in biblischer Sprache ein Ausdruck bewusster Dankbarkeit, ein „daran denken", ein Gewahrwerden, dass Leben in erster Linie unverdient geschenkt ist. Paulus schreibt an die Korinther: „Was hast du, das du nicht empfangen hättest? Wenn du es aber empfangen hast, warum rühmst du dich, als hättest du es nicht empfangen?"[71]

Im Unterschied zur Seelsorge konzentriert sich das Augenmerk therapeutischer Hilfestellung beim Liebesgebot nicht auf das „Gebot", sondern auf eine gedankliche und emotionale „Tiefenbohrung", die „Er-innerung" im besten Sinn des Wortes sein will. Es geht um den unverwechselbar persönlichen Blick „nach innen" zur Sicherung des seelischen Fundamentes eines Lebenshauses. Wenn der größte Teil nämlich dessen, was ein Mensch tut, aus seinem Unbewussten kommt, wie ohnmächtig und den eigenen unbekannten Kräften hilflos ausgeliefert mag er sich dann immer wieder fühlen? Diesen Ohnmachtsgefühlen schenkt die therapeutische Aufmerksamkeit uneingeschränkte Beachtung. Darum lautet das daraus abgeleitete Ethos: „Wo ES war, soll ICH werden." Und der Zweck und bescheidene Nutzen therapeutischen Handelns besteht im Grunde ja „nur" darin, dieses Unbewusste bewusst zu machen, damit aus „neurotischem Elend" gewöhnliches Elend werden kann. Die Leitfrage dabei lautet: „Was ist los in/mit mir?" „Was geht in mir vor?" Therapeutische Aufmerksamkeit kümmert sich dabei nicht so sehr um das, was zu tun ist, und schon gar nicht um das, was Menschen voneinander erwarten, sondern über eine lange (Aus-)Zeit hinweg einzig und allein um die Frage, „was los ist", wie viel von dem, was drinnen vor sich geht, draußen registriert, verstanden und in konkretes (Er-)Leben umgesetzt werden kann. Das alles geschieht im Kontext der schwerwiegenden Ermahnung, die Ferdinand Raimund seinen „Alpenkönig" zum „Menschenfeind" sagen lässt: „Du begehst die größte Sünde, du kennst dich selber nicht!" Freilich versucht therapeutische Hilfestellung diesbezüglich ohne erhobenen Zeigefinger auszukommen, aber im Grunde ist diese Ermahnung auch ihr Leitmotiv, nicht unter dem Vorwurf der „Sünde", eher in der einen, dem Philosophen Heraklit zugeschriebenen apollonischen Weisheit an der Wand der Vorhalle des Apollotempels in Delphi: „Erkenne dich selbst!"

Die zweite Pointe der Antwort Jesu besteht wie erwähnt darin, dass die zweite Hälfte des Liebesgebotes noch einmal detaillierter ausgelegt wird: Liebe deinen Nächsten „wie dich selbst". Gerade dadurch erhält das biblische Liebesgebot seine nachhaltig-therapeutische Qualität. Die in der kirchlichen Auslegungstradition so eindringlich gepredigte Nächstenliebe hat viel von dieser gründlich argumentierenden Würze verloren. Rund um die Auslegung dieser Stelle ist sogar ein regelrechter Krieg entstanden, dessen Ursachen meiner Meinung nach in einer geradezu neurotischen Angst vor dem Selbst und der Selbstverwirklichung liegen. In der Folge konnte aus der Nächstenliebe eine Kardinaltugend werden, während die Selbstliebe zum Stiefkind christlicher Wahrnehmung verkommen musste. Aber die entwicklungsgeschichtliche Voraussetzung für die Nächstenliebe ist und bleibt eine gut fundierte Liebe zu sich selbst. Wer sich selbst nicht kennt und um sich selbst nicht weiß, wie soll er um andere wissen – und sie kennen – wollen? Wer sich selbst nicht mag, wie soll der andere aushalten oder gar „mögen"? Wer mit sich selbst nicht im Reinen ist, wird es mit anderen auch nicht sein können. Die Rabbinen übersetzen daher das biblische Doppelgebot mit „Liebe deinen Nächsten! Er ist wie du" – und sie definieren den Unterschied zwischen Tag und Nacht durch den Moment, an dem ein Mensch im Morgengrauen oder in der Abenddämmerung gerade noch an seinem Gegenüber das Gesicht seines Nächsten erkennen kann.

Ich und Du bleiben so aneinander gebunden. Am DU wird ein Mensch zum ICH. Ohne dieses Miteinanderverbunden- und Von-einander-abhängig-Sein ist „Selbstwerdung" und damit Leben nicht möglich. Natürlich weiß das das Christentum auch. Aber es scheint ihm die unbefangene Natürlichkeit dieses Wissens abhandengekommen zu sein. Dass sich in die Rezeption eines solchen Selbstverständnisses eine geradezu blinde Einseitigkeit einschleichen konnte, dürfte wohl auch mit der Terminologie eines verblühten und herabgekommenen Hellenismus zu tun haben. In der Antike galt Eros, der Sohn der Liebesgöttin Aphrodite, noch als Leitfigur der Tugend und der Menschlichkeit. Im Christentum aber wurde daraus ein verteufeltes Feindbild. Die schwerwiegende Folge dieser Einseitigkeit besteht darin, dass Himmel und Hölle, heilig und sündig, göttlich und menschlich, sakral und profan als unversöhnliche Gegensätze begriffen werden, die sich ins ausschließende „Entweder – Oder" verirren. Daraus erklärt sich dann leicht eine Ideologie der Ideale, die prinzipiell Richtiges absolut setzt und damit dazu beiträgt, dass die Seelsorge ihre Bodenhaftung und damit die Verankerung in der Welt verliert. Ein leidenschaftlicher Gegner einer in dieser Form abgehobenen Theologie ist Friedrich Nietzsche. Er empört sich darüber, dass Schönheit, Sinnlichkeit und die Freude am Körper im Christentum nur ein Schattendasein führen. Der dort völlig entmachtete und um seine Unbefangenheit gebrachte Eros wird grundsätzlich verdächtigt, für das Böse in der Welt verantwortlich zu sein. Der christlichen

Empfehlung, in allen Dingen Maß zu halten, bringt Nietzsche nur Sarkasmus entgegen: „Die Mäßigen", sagt er, „sind auch immer die Mittelmäßigen." Nur keine dionysische Ekstase, nur kein seliges Außer-Sich-Sein vor Freude. Das christliche Ideal bleibt so lauwarm temperiert.

Das Hohelied der Liebe

Um Streit zu vermeiden und in der Gemeinschaft die Einheit zu pflegen, argumentiert Paulus in seinem ersten Brief an die Gemeinde in Korinth mit der Einheit der Glieder an einem Körper und mit den verschiedenen Gnadengaben, die eine Gemeinschaft reich machen:

> „Auch der Leib besteht nicht nur aus einem Glied, sondern aus vielen Gliedern. Wenn der Fuß sagt: ‚Ich bin keine Hand, ich gehöre nicht zum Leib!‘, so gehört er doch zum Leib. Und wenn das Ohr sagt: ‚Ich bin kein Auge, ich gehöre nicht zum Leib!‘, so gehört es doch zum Leib. Wenn der ganze Leib nur Auge wäre, wo bliebe dann das Gehör? Wenn er nur Gehör wäre, wo bliebe dann der Geruchssinn? (…) Wären alle zusammen nur ein Glied, wo bliebe dann der Leib? So aber gibt es viele Glieder und doch nur einen Leib. (…) Das Auge kann nicht zur Hand sagen: ‚Ich bin nicht auf dich angewiesen.‘ Der Kopf kann nicht zu den Füßen sagen: ‚Ich brauche euch nicht.‘"[72]

Über all diese Argumente hinaus gibt es für Paulus aber noch ein anderes, das „alles übersteigt", das sogenannte „Hohelied der Liebe":

„Wenn ich in den Sprachen der Menschen und Engel redete, / hätte aber die Liebe nicht, / wäre ich dröhnendes Erz oder eine lärmende Pauke. Und wenn ich prophetisch reden könnte / und alle Geheimnisse wüsste / und alle Erkenntnis hätte; / wenn ich alle Glaubenskraft besäße / und Berge damit versetzen könnte, / hätte aber die Liebe nicht, / wäre ich nichts. Und wenn ich meine ganze Habe verschenkte / und wenn ich meinen Leib dem Feuer übergäbe, / hätte aber die Liebe nicht, / nützte es mir nichts. Die Liebe ist langmütig, / die Liebe ist gütig. / Sie ereifert sich nicht, / sie prahlt nicht, / sie bläht sich nicht auf. Sie handelt nicht ungehörig, / sucht nicht ihren Vorteil, / lässt sich nicht zum Zorn reizen, / trägt das Böse nicht nach. Sie freut sich nicht über das Unrecht, / sondern freut sich an der Wahrheit. Sie erträgt alles, / glaubt alles, / hofft alles, / hält allem stand. Die Liebe hört niemals auf. / Prophetisches Reden hat ein Ende, / Zungenrede verstummt, / Erkenntnis vergeht. Denn Stückwerk ist unser Erkennen, / Stückwerk unser prophetisches Reden; wenn aber das Vollendete kommt, / vergeht alles Stückwerk. Als ich ein Kind war, / redete ich wie ein Kind, / dachte wie ein Kind / und urteilte wie ein Kind. Als ich ein Mann wurde, / legte ich ab, was Kind an mir war. Jetzt schauen wir in einen Spiegel / und sehen nur rätselhafte Umrisse, / dann aber schauen wir von Angesicht zu Angesicht. Jetzt erkenne ich unvollkommen, / dann aber werde ich durch und durch erkennen, / so wie ich auch durch und durch erkannt worden bin. Für jetzt bleiben Glaube, Hoffnung, Liebe, diese drei; / doch am größten unter ihnen ist die Liebe.“[73]

Dieses „Hohelied der Liebe" ist für mich die kostbarste Stelle in den Paulusbriefen und eine der schönsten im Zweiten

Testament. Bei fast jeder der vielen Hochzeiten, die ich in meiner Zeit als Seelsorger mitgefeiert habe, war dieser Text auf der Wunschliste der Brautleute und bildete so die thematische Mitte der Feier. Die Liebe erscheint hier als das innere Feuer, ohne dessen Wärme menschliches Miteinander erkalten und versiegen muss. Es gibt viele Versuche, den paulinischen Wortlaut dieses Liedes ins Heute zu übersetzen, die für mich stimmigste habe ich bei Friedolin Stier gefunden, der die Verse 4 bis 8 so formuliert:

> *„Die Liebe ist langmütig.*
> *Gütig waltet die Liebe,*
> *Nicht ehrneidig.*
> *Die Liebe eifert nicht;*
> *sie macht sich nicht wichtig.*
> *Sie benimmt sich nicht missfällig;*
> *sie sucht nicht das Ihre.*
> *Sie lässt sich nicht aufreizen;*
> *sie rechnet das Übel nicht vor.*
> *Sie freut sich nicht über das Unrecht;*
> *doch sie freut sich mit an der Wahrheit.*
> *Alles hält sie aus.*
> *Alles glaubt sie;*
> *alles hofft sie;*
> *alles durchharrt sie.*
> *Die Liebe geht nie zugrunde.“*[74]

Liebe ist gründlich, sie berührt bis auf den Grund und geht dabei nie zugrunde. Der argentinische Autor und Therapeut Jorge Bucay sieht die Wirkung so gelebter Liebe in uneingeschränkter Akzeptanz des anderen Menschen, was bedeutet, ihn zu respektieren und nicht von ihm zu verlangen, dass er sich ändert. Bucay „definiert" deshalb Liebe „als die uneigennützige Aufgabe, Raum zu schaffen, damit der andere sein kann, wer er ist".[75] Ein liebevolleres Nachdenken über die Liebe und eine bessere daraus resultierende Beschreibung der Aufgabe in helfenden Berufen wird schwer zu finden sein.

Sigmund Freud hat gemeint, der Sinn aller Therapie wäre, nicht nur dafür zu sorgen, dass aus neurotischem Elend gewöhnliches Elend wird, sondern vor allem dafür, verschüttete Liebe wieder erfahrbar zu machen. Ganz in diesem Sinn lautet ein immer wieder aufblitzender Stehsatz meines Lehrers während meiner Lehrjahre auf der Couch: „Wir müssen als Therapeuten am längeren Arm der Liebe sitzen." Das bedeutet zwar täglich neues Beginnen, es bedeutet natürlich auch tägliche Überforderung, aber wo kämen wir hin, wenn unser berufliches und privates Miteinander im Blick auf die Not eines Menschen nicht täglich neu von Idealen geleitet wäre und von dort her seine Kraft und Motivation bekäme. Ohne Ideal kein inneres Feuer, ohne Vision kein nächster Schritt. Weil wir dorthin gelangen, wohin der Blick gerichtet ist, ist unter Menschen die Perspektive der Liebe das „Um-und-auf" im gelungenen Miteinander. Dieses aus Liebe praktizierte Miteinander ist aber kein ein für alle Mal festgebundenes Seil, kein Seelenkonto mit verzinsbarem Guthaben, sondern ein täglich neues Wandern zueinander, wie das Romano Guardini zum Ausdruck bringt:

> „Die Liebe ist wesentlich in Bewegung. Sie ist kein Gerüst, keine ein für alle Mal gebaute Brücke, sondern ein (...) Gehend-Sein ins Du hinüber. Sie besteht ‚in fieri‘, wie die alte Philosophie sagt, im beständigen Getanwerden."[76]

Wenn ich auf dieser Wanderung stehen bleibe, bleibt zuallererst die Liebe auf der Strecke. Wer das Wort „Liebe" in diesem Sinn in den Mund nimmt, muss wissen, auf welches Terrain er sich begibt, in der Regel wird er dabei dem klassischen „Ja-aber-Problem" begegnen. Von der Liebe zu reden, ist leicht, diese Liebe aber als Leitmotiv persönlichen Handelns zu praktizieren, schwer.

In Anton Tschechows[77] Erzählung „Von der Liebe"[78] unterhalten sich Aljochin und Burkin über die Frage, warum Pelageja sich nicht in einen anderen Mann, dessen seelische und äußere Eigenschaften besser zu ihr passten, sondern gerade in Nikandor verliebt hat. Sie kommen überein, dass es jedem frei steht, diese Frage in jedem beliebigen Sinn zu behandeln:

> *„Von der Liebe ist bisher nur eine einzige unbestreitbare Wahrheit gesagt worden, nämlich, dass ‚dieses Geheimnis groß ist'; doch alles Übrige, was von der Liebe je gesprochen oder geschrieben wurde, ist keine Lösung, sondern nur eine neue Formulierung der Fragen, die stets ungelöst bleiben. Eine Erklärung, die für irgendeinen bestimmten Fall zu taugen scheint, taugt für zehn andere Fälle gar nicht; das Beste ist wohl, so glaube ich wenigstens, jeden einzelnen Fall für sich zu behandeln und Verallgemeinerungen zu vermeiden. Man muss, um mit den Ärzten zu sprechen, die Fälle individualisieren."[79]*

Bei der Lektüre der Bibel und der daraus gewonnenen Einsichten mache ich immer wieder die Erfahrung, dass biblische Inhalte sehr leicht zu prinzipiell richtigen, aber für den konkreten Anlass ungeeigneten Schlussfolgerungen führen können, vor allem dann, wenn Fragen, die aus der konkreten Not eines Menschen kommen, rein „prinzipiell und grundsätzlich" und damit notgedrungen „lieblos" beantwortet werden. Gerade wer wissen will, was die Bibel zur Liebe „grundsätzlich" zu sagen hat, ist gut beraten, die einzelnen dafür in

Frage kommenden Stellen auf ihren Kontext hin zu untersuchen, oder wie es bei Tschechow heißt, „jeden einzelnen Fall zu individualisieren".

Das gilt natürlich nicht nur für biblische Texte. Das geflügelte Wort Augustinus' zum Beispiel, „ama et fac quod vis" – „Liebe und mach, was du willst", ist sozusagen das „Ama-Gütesiegel" für nachhaltig erfülltes und geglücktes Leben. Es versteht sich nicht als Anleitung zur Narrenfreiheit, sondern als Einladung, das Leben einmal als großes gemeinsames Abenteuer zu verstehen, in dem nicht die Frage, was ich kriege und was für mich dabei herausschaut, sondern die Frage, was ich tun und geben kann, im Vordergrund steht. Dieser Gedanke, von vielen als „Edelkommunismus" oder „biblische Idylle" belächelt, hat enorme Sprengkraft. Nicht die Methoden und Tricks der momentanen Welt- und Wertordnung, sondern Wertschätzung und Achtsamkeit stehen an oberster Stelle und die Liebe im Sinne des biblischen Doppelgebotes als Leitmotiv.

Die goldene Regel

Jahrelang habe ich in Gymnasialschulklassen Religion unterrichtet. Bei aller Freude daran und bei aller Begeisterung dafür lag mein Ehrgeiz vor allem darin, meinen Schülern wenigstens einen einzigen Satz aus der Bibel für ihr späteres Leben mitzugeben. Dieser Satz ist die „goldene Regel", von der Jesus sagt, dadurch lasse sich das ganze Gesetz und die Botschaft aller Propheten zusammenfassen. Ihr sprichwörtlicher Wortlaut: „Was du nicht willst, das man dir tu, das füg' auch keinem andern zu", oder positiv formuliert: „Behandle deine Mitmenschen so, wie du von ihnen behandelt werden willst." Der Wortlaut der Bergpredigt dazu: „Alles nun, was ihr wollt, dass euch die Leute tun, das sollt auch ihr ihnen tun; denn das ist das Gesetz und die Propheten."[80]

Diese goldene Regel verlangt somit vor jeder konkreten Einzelentscheidung, dass ich mich in die Lage des oder der von ihr Betroffenen versetzen soll, um zu prüfen, ob ich die Entscheidung auch dann gutheißen würde, wenn ein anderer sie fällte und ich dadurch unmittelbar oder mittelbar betroffen wäre. Die goldene Regel ist nicht selber eine moralische Norm, sondern der Maßstab für moralisches Handeln; das heißt, sie schreibt nicht inhaltlich vor, was im Einzelnen getan werden soll, sie gebietet vielmehr rein formal, wie generell entschieden werden muss, damit die Handlung als moralisch gut anerkannt werden kann.

Wer aus solchen Überlegungen heraus handelt, ist auch bereit, Rechenschaft abzulegen über die Gründe seines Tuns. Der letzte Grund aller Gründe wird dabei die Freiheit sein, die bereit ist, sich um der Freiheit aller willen an Werte, Vorschriften und Regeln zu binden, damit möglichst vielen Menschen ein größtmöglicher Freiheitsspielraum zur Verfügung steht. Ein Mensch, der das zu leben versucht, wird bereit sein, seine Entscheidungen nicht nur gegenüber sich selbst, sondern auch gegenüber seinen Mitmenschen zu begründen und die Verantwortung dafür zu übernehmen.

Die Stunde der „Gutmenschen"

In diesem Zusammenhang hat sich in den letzten Jahrzehnten das Wort „Gutmensch" in unseren Sprachgebrauch eingeschlichen. Gemeint ist damit die ironische Verkehrung von „guter Mensch" in sein Gegenteil. In politischen Auseinandersetzungen wird der Ausdruck als Kampfparole gebraucht. Mit „Gutmensch" ist dort ein naiver, übertrieben moralisierender Tölpel gemeint, der die herrschenden Gesetze und Regeln des Weltmarktes nicht durchschaut. Im Jänner 2012 eroberte das Wort in der Umfrage zum „Unwort des Jahres 2011" in Deutschland den zweiten Platz. Aber der Ausdruck geistert schon seit den 1980er-Jahren als Modewort durch den deutschen Sprachraum, um damit Personen zu charakterisieren, die humanistische, auf das Wohl der Gemeinschaft bezogene, auch religiös-mitmenschliche Lebensziele und Argumente höher einschätzen als den egoistischen Blick auf das größtmögliche Maß des persönlichen Glücks.

Wo immer in meiner persönlichen Umgebung das Wort auftaucht, verrät es mir mehr über den, der es verwendet, als über den, auf den es sich bezieht. Wer immer noch nicht verstanden hat, dass die zentralen Probleme dieser Welt einen möglichst geschlossenen Schulterschluss „aller Menschen guten Willens" benötigen, wer nicht einsehen mag, dass ein dringend not-wendender Wandel von einer Ressourcenausnutzungsmentalität hin zu einer Potenzialentfaltungskultur überfällig ist, wer ausschließlich sein eigenes Wohl im Blick hat und vor den Bedürfnissen anderer die Augen verschließt, dem muss alternatives Handeln lästig erscheinen und ein schlechtes Gewissen bereiten, dass er sich mit der Rede von den „Gutmenschen" vom Leib zu halten versucht.

Auch diesbezüglich ist die Botschaft der Bibel zeitlos und brandaktuell. Etwa, wenn es im Buch Tobit heißt: „Von deinem Brot gib den Hungernden und von deinen Kleidern den Nackten! Alles, was du im Überfluss hast, gib als Almosen, und dein Auge sei nicht neidisch, wenn du Almosen gibst."[81] Noch aktueller und eindringlicher liest sich das leidenschaftliche Plädoyer des Propheten Amos gegen die Ausbeutung:

„Hört dieses Wort, die ihr die Schwachen verfolgt / und die Armen im Land unterdrückt.

Ihr sagt: Wann ist das Neumondfest vorbei? / Wir wollen Getreide verkaufen. Und wann ist der Sabbat vorbei? / Wir wollen den Kornspeicher öffnen, das Maß kleiner und den Preis größer machen / und die Gewichte fälschen. Wir wollen mit Geld die Hilflosen kaufen, / für ein paar Sandalen die Armen. Sogar den Abfall des Getreides / machen wir zu Geld. Beim Stolz Jakobs hat der Herr geschworen: / Keine ihrer Taten werde ich jemals vergessen.“[82]

Wenn nicht alles täuscht, dann schlägt über kurz oder lang die Stunde der guten Menschen. Auch in den oberen Etagen großer Konzerne scheinen es Egoisten und Selbstdarsteller immer schwerer zu haben: „Tschüss Egoisten: Empathische Gebende und Introvertierte sind geeigneter für Führungsjobs“[83], lautet die Überschrift eines gut recherchierten Artikels von Andrea Hlinka, der den Aufstieg der Gebenden und das Ende der Schaum- und Pfauenradschläger prophezeit. Plötzlich sieht es so aus, als hätte der „Gutmensch“ doch Zukunft. Corinne Bendersky, Professorin an der „UCLA Anderson School of Management“, empfiehlt lieber, den ruhigen Neurotiker als den beeindruckenden Extrovertierten einzustellen, weil dem Letzteren öfter Details entgehen und er unkonzentrierter ist. 2011 untersuchten Wissenschaftler der „Wharton Business School“, einer renommierten Wirtschaftsfakultät der „University of Pennsylvania“, ob Unternehmen mit introvertierten Chefs erfolgreicher sind als jene mit extrovertierten. Das Ergebnis der Studie: Unternehmen, die viel Eigenverantwortung von ihren Mitarbeitern verlangen, sind besonders erfolgreich, wenn sie von einem introvertierten Chef geführt werden.

Adam Grant, mit seinen 32 Jahren heute der jüngste Professor an der „Wharton Business School" und als Organisationspsychologe einer der Top-Wirtschaftswissenschaftler der Welt, hat sieben Jahre lang Studien und Hinweise auf den Wandel in der Arbeitswelt gesammelt, verdichtet und ausgewertet. Die Ergebnisse sind in seinem Buch „Give and Take – A Revolutionary Approach to Success"[84] zu lesen. In dieser Analyse teilt er Menschen in drei Kategorien: Die Geber („Giver"), die Ausgleichenden („Matcher") und die Nehmenden („Taker"). Letztere wollen so viel wie möglich von anderen bekommen, während die „Matcher" Leistung nur bei Gegenleistung erbringen. Die Gebenden hingegen geben, ohne etwas dafür zu erwarten.

Gerade deswegen werden sie in ihrem Arbeitsumfeld geschätzt. Sie pflegen zwar lose, dafür aber viele Kontakte, werden durch Einfühlungsvermögen, Hilfsbereitschaft und ihr Anliegen, ein bestmögliches Ergebnis für alle zu erzielen, als angenehme Geschäftspartner wahrgenommen. Von ihrem Gegenüber werden sie wegen ihres guten Rufes respektiert, gelten als ehrlich und unterstützend. „Gebende warten nicht auf Zeichen von Potential. Sie vertrauen von vornherein in die Fähigkeiten anderer. Gebende neigen dazu, Potential in jedem zu sehen", schreibt Grant. Aber: Um als Geber erfolgreich zu sein, müssen sie kurzfristig auch zu Nehmenden und Ausgleichenden werden, zum Beispiel, wenn es ihnen aus Zeitnot unmöglich wird, die eigenen Aufgaben zu erfüllen. Tun sie das nicht, werden Gebende schnell zum sich „aufopfernden Wunscherfüller", zum hilflosen Helfer, der zum Schluss selbst auf der Strecke bleibt.

Die himmlische Mathematik

Bei Matthäus[85] wird von einem Gutsbesitzer erzählt, der früh am Morgen sein Haus verlässt, um Arbeiter für seinen Weinberg anzuwerben. Er einigt sich mit den Arbeitern auf einen bestimmten Betrag als Tageslohn und schickt sie in seinen Weinberg. Drei Stunden später geht er wieder hinaus, findet weitere Arbeiter und schickt auch sie in seinen Weinberg. Das wiederholt er zur Mittagszeit und am Nachmittag und auch noch einmal kurz vor Sonnenuntergang. Jene, die er zuletzt trifft, fragt er, warum sie denn den ganzen Tag herumstehen und keiner Arbeit nachgehen. Sie rechtfertigen sich damit, dass niemand Arbeit für sie hätte. Auch diese schickt er noch für eine Stunde in seinen Weinberg. Am Ende des Tages erhalten alle Arbeiter ihren Lohn. Zuerst die, die von Sonnenaufgang bis Sonnenuntergang geschuftet haben und dann nach und nach alle in der Reihenfolge ihrer Dienstzeiten. Als die tüchtigsten Arbeiter merken, dass alle, ganz egal, wie lange sie gearbeitet haben, gleichviel Geld erhalten, beginnen sie zu protestieren und ihr Recht auf höheren Lohn einzufordern. Doch der Herr des Weinbergs sagt einem von ihnen: Du hast bekommen, was wir vereinbart haben. Ich will aber dem Letzten ebenso viel geben wie dir. Du brauchst das nicht zu verstehen, aber gestatte mir doch, dass ich mit dem, was mir gehört, tun darf, was ich will, auch wenn du neidisch bist, weil ich zu anderen gütig bin …

Weil die Geschichte mit dem Satz beginnt: „Denn mit dem Himmelreich ist es wie mit einem Gutsbesitzer", weiß der Leser auch, dass mit diesem Gleichnis „himmlische Maßstäbe" veranschaulicht werden sollen. Wobei der „Himmel" hier wohl nichts anderes bedeutet als „unverzweckte", nicht auf den eigenen Vorteil bedachte Liebe, die nicht fragt, was sie kriegt, sondern einfach gibt, was sie hat. Liebe gibt aus Liebe, sie rechnet nicht. Wer das Rechnen in den Vordergrund stellt, wird nie genug bekommen! Wer dem Geben den Vortritt lässt, wird nie zu wenig haben!

Im Gegenteil: Von vielen Menschen weiß ich, wie sehr sie sich gerade durch ihre eigene Großzügigkeit zu den Beschenkten und Privilegierten im Leben zählen dürfen. Den Ort solcher Praxis nennt die Bibel „Himmel", sie meint damit aber keinen Ort, sondern ein wunderbar weites Herz, das nicht nur Raum schafft, sondern vor allem eine Atmosphäre zaubert, in der Geben „seliger" ist als Nehmen, wie es der Volksmund ausdrückt. Dieser hier praktizierte Paradigmenwechsel führt dem Leser eine „himmlische Mathematik" vor Augen, die mit berechnender Logik nichts zu tun hat. Eher handelt es sich dabei um eine „Psycho-logik des Herzens", deren einzige Voraussetzung darin besteht, zur rechten Zeit – und sei es als „Arbeiter der letzten Stunde" – zur Verfügung zu stehen.

Angst, oder:
Was Selbstwerdung verhindert

MEHR ALS ALLE ANDEREN KRÄFTE im Universum behindert uns die Angst. Sie steht dem Abenteuer der persönlichen Selbstwerdung am nachhaltigsten im Weg. Angst verhindert Leben. Fürchten lähmt. Mit aller Leidenschaft redet die Bibel mehrere hundert Male gegen diese Angst an. Freilich kann Angst auch so etwas wie ein psychohygienisches Frühwarnsystem sein, das uns mit Bedacht auf der Hut, vorsichtig und klug sein lässt. In den häufigeren Fällen aber ist die Angst eine Mischung aus Unentschlossenheit und Feigheit, eine andere Art von Vorsicht, die dem Erlebnis des Lebendigen im Wege steht und als schlechte Ratgeberin Kleinmut und Enttäuschung nach sich zieht. Wer immer nur vorsichtig ist, übersieht vor lauter Angst die Möglichkeiten und Chancen, die ihm das Leben bietet. Die ermutigende Alternative der Bibel lautet in beiden Testamenten immer wieder und immer an der Stelle, wo der Dialog an seinen innersten Kern rührt: „Fürchte dich nicht!"[86], „Warum habt ihr solche Angst?"[87], „Steht auf, habt keine Angst!"[88]

Angst ist das Frühwarnsystem der Seele. So gesehen ist Angst gesund, weil sie als Zustand innerer Wachsamkeit dafür sorgt, Gefahren rechtzeitig zu erkennen und darauf adäquat zu reagieren. Nicht die Angst ist also das Problem, sondern ihr Ausmaß und die inneren Gründe, die dazu führen. Und genau hier setzt auch die Bibel an, zum Beispiel in der Erzählung vom Sturm auf dem See:

Die Jünger besteigen mit Jesus ein Boot und fahren auf den See hinaus. Plötzlich bricht ein gewaltiger Sturm los, wörtlich übersetzt ist sogar von einem heftigen „Erdbeben" oder „Meeresbeben" die Rede, eine lebensbedrohliche Situation jedenfalls, die dafür sorgt, dass das Boot von den Wellen überflutet wird. Jesus liegt da und schläft. Seine Jünger wecken ihn und rufen: „Rette uns, wir gehen zugrunde!"[89] Er aber antwortet ihnen mit stoischer Ruhe und Gelassenheit: „Warum habt ihr solche Angst, ihr Kleingläubigen?"[90] oder wie die „Gute Nachricht Bibel" übersetzt: „Warum habt ihr solche Angst? Ihr habt zu wenig Vertrauen!"[91] Dann steht Jesus auf, gebietet den Winden und dem See und es tritt völlige Stille ein. Die Leute staunen und rätseln: „Was ist das für ein Mensch, dass ihm sogar die Winde und der See gehorchen?"

Wir kennen solche Erfahrungen aus dem Alltag, aber wir kämen nicht auf den Gedanken, sie mit dieser biblischen Geschichte in Verbindung zu bringen. Eher belächeln wir sie skeptisch als unrealistisch, unmöglich und als billige Unterhaltung für leichtgläubige Menschen. Aber wohl jeder Mensch hat schon einmal Erfahrungen gemacht, die ihn so aus der Fassung gebracht und außer sich sein haben lassen, dass er mit offenem Mund lediglich zu sagen wusste, er habe „seinen Augen nicht getraut". Wunder passieren jeden Tag, sie bleiben ganz sicher nicht auf biblische Geschichten beschränkt.

Eines dieser Wunder verdanke ich dem argentinischen Psychotherapeuten und Erzähler Jorge Bucay, der vom sechsjährigen Pancho erzählt, der gemeinsam mit seinem drei Monate alten Brüderchen wie immer um diese Zeit Mittagsschlaf hält. Marina, das Kindermädchen, nützt dieses Mal die Gelegenheit, um mit ihrem Freund eine Spritztour im neuen Auto zu unternehmen. Zur Sicherheit der Kinder – sollten sie wider Erwarten früher wach werden – sperrt sie die Wohnungstür ab. Plötzlich wird Panchito wach. Es riecht nach Rauch! Sein kleiner Bruder weint. In der Wohnung ist Feuer ausgebrochen. Pancho schreit und ruft nach Marina, aber sein Hilferuf bleibt unbeantwortet. Also rennt er zum Telefon, er weiß, wie man die Nummer seiner Mutter wählt, aber es hebt niemand ab. Panchito weiß, dass er sein Brüderchen von hier wegschaffen muss. Er versucht das Fenster zu öffnen, das auf den Außensims führt, aber mit seinen kleinen Händen schafft er es nicht, den Sicherheitsriegel beiseite zu schieben, und selbst wenn es ihm gelungen wäre, hätte er noch das Drahtgitter aufstoßen müssen, das seine Eltern zum Schutz angebracht hatten …

Als die Feuerwehrleute den Brand gelöscht hatten, gab es nur noch ein Gesprächsthema: Wie ist es diesem Kind gelungen, das Fenster einzuschlagen und dann auch noch das Gitter aufzustoßen? Wie hat der Junge es geschafft, das Baby in den Rucksack zu bekommen? Wie hat er es geschafft, mit einem solchen Gewicht auf dem Rücken auf das schmale Sims zu balancieren und über den Baum nach unten zu klettern? Wie hat er es geschafft, sein eigenes Leben und das seines Brüderchens zu retten? Der alte Feuerwehrhauptmann, ein kluger, angesehener Mensch, gibt ihnen zur Antwort: „Panchito war allein … Es gab also niemanden, der ihm hätte sagen können, das schaffst du nicht."[92]

Die vier Grundformen der Angst

Es ist eine der „frohen Botschaften" der Hirnforschung, dass das menschliche Gehirn bis ins hohe Alter plastisch bleibt, es also formbar ist, dazulernen und Erfahrungen sammeln kann, die seinen Horizont bis zum letzten Atemzug bereichern und erweitern. Die Voraussetzung dafür allerdings ist ein tief aus dem Inneren des Menschen kommendes Zutrauen, ein Grundvertrauen, das beflügelt und Kraft gibt, über bisher Geleistetes hinauszuwachsen.

Freilich hängt das damit zusammen und auch davon ab, was ein Mensch bisher in seinem Leben durchgemacht hat. Es sind nämlich die tiefen Erlebnisse und Erfahrungen, die unter die Haut gehen, die im Hirn mit Nachdruck hängen bleiben und damit als Erfahrung in sein Herz eingeschrieben sind. Die dort gespeicherten Muster entscheiden deshalb wesentlich mit, ob Vertrauen, Mut und Unerschrockenheit oder aber Angst und Furcht die Regie übernehmen. Ob wir es jetzt das „Hirn" nennen oder das „Herz", die „Seele", das „Innerste" oder wie auch immer, dort, wo die Angst sitzt, sitzt auch ihr Widerpart, unser Vermögen, unser persönliches Potenzial. Im täglichen Wettstreit zwischen beiden wird entschieden, wer die Oberhand gewinnt und behält. Weil er weiß, dass sich daran sein Schicksal entscheidet, fleht der Psalmist in seiner Not zu Gott: „Erlöse mich aus der Angst meines Herzens!"[93]

Aber es gibt Situationen, in denen der Ruf nach Hilfe keinen Ausweg darstellt. Zu lange und zu gründlich haben sich innere Muster verfestigt, die nicht ohne Weiteres durch einen Hilferuf aus der Welt zu schaffen sind. In seinem grundlegenden Werk „Grundformen der Angst"[94] hat Fritz Riemann gezeigt, dass langanhaltende frühkindliche Belastungssituationen Angstmuster herausbilden, denen ein erwachsener Mensch immer wieder ausgesetzt sein wird. Je früher die Belastung, desto prägender auch seine spätere, durch diese Belastung mitverursachte Angstreaktion.

Die Angst vor Nähe

Wer als Kind kurz nach seiner Geburt, aus welchem Grund auch immer, auf die Mutter als Bezugsperson über einen längeren Zeitraum verzichten und in der Folge mit wenig Berührung und Zärtlichkeit auskommen musste, wird im Erwachsenenalter ein grundlegendes Problem damit haben, einem anderen Menschen zärtlich und liebevoll zu begegnen. Zu früh hatte er es lernen müssen, sich als „autistische Persönlichkeit" nur auf sich selbst zu verlassen und für sich selbst zu sorgen. Seine Angst vor Hingabe ist kein moralisches Defizit, sondern eine seelische Verletzung, die immer wieder zu bluten beginnen kann. Darum streben solche Menschen vor allem danach, auf niemanden angewiesen und niemandem verpflichtet zu sein, so unabhängig und autark wie möglich zu werden. Ihre Grundhaltung ist die Distanz. Wird diese Distanz überschritten, empfinden sie das als Bedrohung ihres Lebensraumes und wehren sich – aus Angst – schroff dagegen.

Die Angst vor Verlust

Wer als Kind nach geglückten ersten Monaten schwere Beeinträchtigungen im familiären Umfeld durchzustehen hatte und so in seiner kindlichen Unbekümmertheit erschüttert wurde, wird unter Umständen auch im Erwachsenenalter immer wieder daran verschlüsselt erinnert werden und – so wie damals – ängstlich Menschen suchen, die ihm Halt und Sicherheit geben bis hin zum Streben danach, die trennende Distanz zwischen sich und den anderen Menschen so weit wie möglich aufzuheben. Umso mehr erlebt er dann jede Trennung von einem Partner mit Angst. Für diese „depressive Persönlichkeit" bedeutet Ferne die panische Angst davor, alleingelassen und verlassen zu werden.

Die Angst vor Veränderung

Die dritte Grundform der Angst ist die Angst vor Veränderung. Sie hat ihren Ursprung wohl in belastenden Lebenssituationen im sogenannten magischen Alter des Kindes. In gesunder Entwicklung explodiert in diesem Alter zwischen dem dritten und fünften Lebensjahr die Fantasie, gepaart mit Ängsten vor Gespenstern, Drachen und Hexen. Wenn ein Kind mit solchen Erlebnissen alleingelassen wird, ist die daraus resultierende ängstliche Neigung gut nachzuvollziehen, auch im Erwachsenenalter alles beim Alten zu belassen und Änderungen jeder Art eher zu vermeiden, denn gerade diese Änderungen beunruhigen und machen Angst, der man ausweichen will. Die Folge ist ein aus einem überwertigen Sicherungsbedürfnis kommendes zwanghaftes Verhalten. Damit versucht ein unter der Angst vor Veränderung leidender Mensch, sein Leben geradezu als „Zwangspersönlichkeit" in Schemata und Regeln zu zwingen. Wo ihm das nicht gelingt, wehrt er sich mit Händen und Füßen gegen alles, was ihn beunruhigt. Er kann es schwer annehmen, dass es im Bereich des Lebendigen keine Absolutheit, keine unveränderlichen Prinzipien gibt, er glaubt, alles in ein System einfangen zu können.

Die Angst vor dem Endgültigen

Die vierte Grundform der Angst bezieht sich auf die Einschränkung der persönlichen Freiheit. In der Zeit der sogenannten „ödipalen Phase" fühlt sich ein Kind als Mädchen zu seinem Vater und als Bub zur Mutter hingezogen und verkündet stolz, Mama bzw. Papa heiraten zu wollen und vermag als kleiner Philosoph seine Umwelt ins Staunen zu versetzen. Wenn in dieser Phase ein Kind aus seiner kreativen Welt- und Lebensgestaltung gerissen wird, wird es auch als Erwachsener davor Angst haben, in seinem Freiheits- und Weltgestaltungsdrang behindert zu werden.

Die sogenannte „hysterische Persönlichkeit" strebt deshalb ausgesprochen nach Veränderung und Freiheit, bejaht alles Neue und ist risikofreudig, ihr erscheint die Zukunft, die mit ihren Möglichkeiten offen vor ihr liegt, als große Chance. Das Leben nach dem Motto „einmal ist keinmal" bedeutet, dass letztlich nichts wirklich verbindlich und verpflichtend ist und nichts Anspruch auf ewige Gültigkeit besitzt. Dementsprechend fürchtet ein Mensch, der diese Form der Angst aus seiner frühen Kindheit mitbringt, alle Einschränkungen, Traditionen und festlegende Gesetzmäßigkeiten. Seine Angst ist die Angst vor dem Endgültigen, Unausweichlichen, vor der Begrenzung des Freiheitsdranges.

Wenn es eng wird im Leben solcher Menschen, entwickeln sie eine erstaunliche Naivität darin, an Patentlösungen und an Wunder zu glauben, durch die sie sich damit den Forderungen der Wirklichkeit zu entziehen versuchen. Typisch hysterische Verhaltensweisen sind dabei die Wunschbesessenheit mit dem Drang zur Sofortbefriedigung beziehungsweise das Missachten der Konsequenz des eigenen Tuns, das unrealistische „Zeit-gewinnen-wollen" und das „Auf-ein-Wunder-hoffen". Wie überhaupt bei ihnen ein sehr lockerer Umgang mit der Zeit zu beobachten ist. Pünktlichkeit, Zeitplanung und Zeiteinteilung empfinden sie als lästig, pedantisch und kleinkariert.

Das alles sind nur bescheidene Überlegungen, die den Leser nicht dazu verleiten dürfen, mit diesen schablonenartigen Skizzen in seiner Umgebung auf die Suche zu gehen nach Menschen, auf die diese Beschreibungen zutreffen. In jedem Menschen treten die vier Grundformen der Angst in einem ganz persönlichen Mischverhältnis auf. Alles, was ein Mensch in den ersten Jahren seines Lebens erlebt hat, trägt er in sich und nimmt es mit sich sein ganzes Leben lang. Gelungene und schöne Erfahrungen werden ihn beflügeln und ermutigen. Schlechte Erfahrungen werden ihn vorsichtig gemacht haben und mit einem je nach Erfahrung nachhaltigen Frühwarnsystem (diese Grundängste eben) ausgestattet haben. Beide Erfahrungsqualitäten, positive wie negative, vergisst er nicht, sie sind sein Erfahrungsschatz, der im Positiven genauso wie im Negativen einen guten Teil der Regie seines Lebens übernimmt.

Nicht die Angst ist das Problem, sondern ihr Ausmaß und ihr unbewusster Gehalt aufgrund der gemachten Lebenserfahrungen, die im Menschen unverlierbar eingeschrieben sind. Wenn die Angst unseren Alltag so sehr in Beschlag nimmt, dass sie sich wie eine schwere Gewitterwolke über unseren Köpfen zusammenbraut, dann haben wir es mit jener Angst zu tun, die Jesus den Menschen nehmen wollte, wenn er auf sie zugeht mit den Worten: „Fürchte Dich nicht. Hab Mut. Dein Glaube hilft Dir. Dein Vertrauen trägt dich. Du bist nicht allein!" Alles in allem eine wunderbare Zusage, deren notwendige Qualität auch und vor allem heute in einer von vielen Ängsten gebeutelten Welt nicht hoch genug eingeschätzt werden kann. Und das auch deshalb, weil sich in dieser Welt eine unabhängig von den Grundformen unserer Angst grassierende generalisierte Angststörung breitzumachen versucht, die alles vermeidet, was uns als unverwechselbare Individuen und Persönlichkeiten auszuzeichnen vermag.

Nur nicht Stellung beziehen, nicht auffallen, nicht anstreifen, nur keinen Standpunkt vertreten und sich nirgends einmischen!

Erich Frieds Gedicht „Ausweichen"[95] bringt dieses Problem generalisierter Angst treffend auf den Punkt:

Ausweichen

„Ich weiß
dass ich oft oder meistens
ausweichen will

Ich weiß auch
dass das verständlich ist
denn ich will leben

Aber ich weiß nicht mehr
ob man leben bleibt
wenn man ausweicht"

Gibt es die Seele
und wenn ja, wie?

DIE „SEELE" ins Wort zu bringen und schon gar zu beschreiben, was sie sein könnte, mag kühn erscheinen, noch dazu, wenn wir wissen, dass dieses Wort in der Bibel Jesu gar nicht vorkommt und in philosophischen, theologischen und erst recht in psychologischen Diskussionen immer wieder zu heftigen Auseinandersetzungen zwischen Befürwortern und Gegnern des Begriffes führt. Bereits in meinem Buch „Klang der Seele"[96] habe ich darauf verwiesen und meine dabei gemachten Erfahrungen kurz beschrieben. Wenn ich es auch hier wieder wage, gegen den therapeutischen Strom zu schwimmen und den Begriff der Seele nicht aus meinem persönlichen Sprachgebrauch streiche, dann auch deshalb, weil mir allein schon der Verzicht auf das Wort im Sinne einer vermeintlich-fachsprachlichen Exaktheit wie ein kleinkariertes kulturelles Armutszeugnis vorkäme. Für mich steht „Seele" für das, was wir umgangssprachlich meinen, wenn wir von einem Menschen sagen, er hätte ein „Herz" oder, er sei „eine Seele von Mensch", oder aber, wenn man in New York gelegentlich über einen anderen hören kann: „He (she) is a mensch."[97]

Mit „Seele" ist also kein innerer Ort im Menschen, kein von einem Kompass angezeigter Bezirk gemeint, sondern ein Zustand, ein unübersehbarer und unverwechselbarer Wesenszug eines Menschen. Dorothee Sölle beschreibt in ihrem Buch „Hinreise"[98] die Erfahrungen der Seele auf dem Weg zu sich selbst als „Hinreise", die in Meditation und Versenkung angetreten wird. Darin sieht sie die Hilfe der Religion auf dem Weg der Menschen zu ihrer Identität. Christlicher Glaube akzentuiert die „Rückreise" in die Welt und ihre Verantwortung. Aber es braucht eine tiefere Vergewisserung als die, die wir im Handeln erlangen: eben die „Hinreise". Für Sölle ist die „Seele" ein Synonym für „Erfahrung", für das „Fahren" für die „Lebens-Reise", für die Summe aller Eindrücke und Erlebnisse, die ein Mensch durchwandert und durchlebt, die ihn nachhaltig und unverwechselbar prägen und formen. Die Sprache der Religion ist für sie die Sprache der Seele, die aus gesammelter Erfahrung auf Erfahrung hin spricht.

Das ist etwas grundsätzlich anderes als die Sprache der Theologen, die definieren, erklären, Plausibilitäten und Argumente hin und her tauschen, beseelt durch den missionarischen Eifer, andere zu überzeugen. Die Sprache der Seele argumentiert nicht, sie reagiert auf das, was ist und zeigt dabei, was ihr gut tut und was nicht. Die Seele redet nicht ungefragt, sie macht sichtbar, wovon sie lebt und sie schreit, wenn dieses Leben zu verkümmern droht. Die Seele redet also aus der Tiefe innerster Berührung. Deshalb ist ihre Grammatik nicht so sehr die Sprache, sondern der Gestus, die Haltung, die Ausstrahlung eines Menschen.

Gerade darin hat Friedrich Nietzsche den nachhaltigsten Vorwurf an die Christen seiner Zeit gesehen: Er könne an ihren Gesichtern nicht erkennen, so Nietzsche, woran die Christen glauben. Es wäre alles anders, wenn sie nur erlöster aussähen. So gesehen ist sein Vorwurf der Mittelmäßigkeit ans Christentum zuallererst der Vorwurf einer Atmosphäre der Seelenlosigkeit. Also keine Erfahrung, die aus der Tiefe kommt und keine, die unter die Haut geht und mitreißt. Stattdessen ein idealistisch überhöhter und den einzelnen Menschen überfordernder Verhaltenskatalog, der sich um die Not und Lebenssituation der Menschen wenig zu kümmern scheint, wobei gerade das ein immer wiederkehrendes biblisches Thema wäre.

So gesehen ist es merkwürdig, dass Menschen gerade angesichts dieses persönlichen Erfahrungsschatzes, der sie ja eigentlich „selbstbewusst und reich" sein lassen könnte, eine eigenartige Angst davor entwickelt haben, sich darüber mit anderen Menschen auszutauschen. Und noch einmal sonderbarer mag es erscheinen, dass Menschen vor allem Angst davor haben, die wichtigste Sprache menschlicher Erfahrung, die religiöse Sprache, auch in ihrem Alltag zu gebrauchen. Sie bräuchten sich ja „nur" – freilich unter Anführungszeichen – einzugestehen, wie sehr ihnen bewusst ist, dass ihr geschenktes Leben jeden Tag davon abhängt, nicht alleingelassen zu werden. Aber statt sich darüber zur gegenseitigen Ermutigung auszutauschen, verleugnen sie sich lieber und verdrängen ihre Gefühle, reden über alles, was nichtssagend ist und vermeiden alles, was erkennen lassen könnte, dass da tief drinnen eine Sehnsucht wohnt, das zur Sprache zu bringen, was ihnen am Herzen liegt. Anstelle dessen verleugnen sie sich selber, vervielfachen die eigene Sprachlosigkeit und tun mit aller (Überzeugungs-)Kraft alles dagegen, um sich nur ja nicht „ausgerechnet von der Religion"[99] das Hemd ausziehen zu lassen.

„Seele" ist so betrachtet, um es mit Ignatius von Loyola zu sagen, nicht nur der innere Wesenszug eines Menschen, sondern auch sein „inneres Geschmacksorgan", das die Dinge von innen her verkostet und dafür sorgt, dass das Leben „schmeckt". Denn, so sagt Ignatius in der zweiten Vorbemerkung zu seinen Exerzitien: „Nicht das Vielwissen sättigt die Seele und gibt ihr Genüge, sondern das Fühlen und Kosten der Dinge von innen."[100] Durch dieses „Kosten der Dinge von innen" werden Menschen befähigt, „die Unterscheidung der Geister" zu bewerkstelligen und ihre persönlichen Entscheidungen von innen her „abzuschmecken". Wie Menschen ihren Geschmacksinn trainieren können und in der Folge feine Nuancen und Varianten zu unterscheiden lernen, so können sie auch im Umgang miteinander innere Wahrnehmung und Achtsamkeit trainieren und ihr Handeln „abschmecken", von innen her „verkosten", abwägen und gewichten.

Das Konzept der Seele in der heiligen Schrift und im therapeutischen Verständnis

Auch wenn die Bibel Jesu das Wort „Seele" nicht kennt, so gibt es doch im Ersten Testament eine Reihe von synonymen Ausdrücken dafür wie „Blut" als den „Sitz des Lebens" oder – und das an die fünfhundert Mal – das „Herz" als jenen Ort, in den Gott selbst sein Gesetz dem Menschen einschreibt: „Ich lege mein Gesetz in sie hinein und schreibe es auf ihr Herz."[101] Diese Stelle ist deshalb interessant, weil sie einen Gegensatz, besser eine Erweiterung beziehungsweise Verinnerlichung des auf Steintafeln geschriebenen Gesetzes des Moses auf dem Sinai darstellt. Nicht der Buchstabe entscheidet, sondern der Geist, formuliert in dieser Tradition Paulus im zweiten Korintherbrief: „Er hat uns fähig gemacht, Diener des Neuen Bundes zu sein, nicht des Buchstabens, sondern des Geistes. Denn der Buchstabe tötet, der Geist aber macht lebendig."[102]

In der hebräischen Bibel wird der Mensch als Einheit gesehen. Die Aufspaltung in Leib und Seele ist ihr fremd. Die den Körper belebende Kraft heißt im biblischen Hebräisch „nefesch" (שפנ), „neschama" oder auch „ru'ach" (חור).

Alle drei Begriffe bezeichnen ursprünglich den Atem. „Neschama" ist der Lebensatem, den laut dem Buch Genesis Gott seinem aus Erde geformten Geschöpf Adam in die Nase einbläst, womit er ihn zu einem lebendigen Wesen („nefesch") macht. Die konkrete Grundbedeutung von „nefesch" ist „Atem", der „Weg des Atems" und die „Kehle". „Nefesch" ist so als der belebende Atem die Lebenskraft, die den Menschen beim Tode verlässt.

Im weitesten Sinne steht „nefesch" aber auch für den gesamten Menschen. Im Sinne der Bibel Jesu „hat" also der Mensch keine „nefesch", er ist sie, er lebt als „nefesch", angehaucht vom Schöpfer und dadurch zum Leben erweckt. Das Erste Testament schreibt im Unterschied zu der durch hellenistisches Denken beeinflussten späteren Tradition im Christentum[103] der „nefesch" weder eine Existenz vor der Entstehung des Körpers zu, noch tritt sie losgelöst vom Körper in Erscheinung. Auch die Unsterblichkeit der Seele ist der hebräischen Welt völlig unbekannt; stirbt ein Mensch, dann ist er in dieser Vorstellung „mausetot", da bleibt nichts Unsterbliches von ihm übrig. Wenn er wieder zum Leben ersteht, dann nur, weil Gott an ihm handelt und ihn wieder ins Leben ruft, so wie in der Vision von der Auferweckung Israels im Buch des Propheten Ezechiel, wo – wie im Buch Genesis bei der Erschaffung des Menschen – „ausgetrocknete Gebeine" durch das Handeln Gottes – „durch Geistbraus" – wieder ins Leben gerufen werden:

„So hat mein Herr, ER, gesprochen
zu diesen Gebeinen:
Da, Geistbraus lasse ich kommen in euch,
und ihr lebt.
Ich gebe über euch Sehnen,
ich lasse Fleisch euch überziehn,

ich überspanne euch mit Haut,
Geistbraus gebe ich in euch,
und ihr lebt
und erkennt,
dass ICH es bin."[104]

Wer sich auf die Suche begibt nach einem nachvollziehbaren Verständnis dessen, was wir „Seele" nennen, ist gut beraten, die biblischen Quellen über den philosophisch-theologischen Diskurs hinaus in den Kontext kulturell gewachsener persönlicher Erfahrung zu stellen. Dadurch ergibt sich ein in mehrfacher Hinsicht „spannender" und bunter Bogen, der über den Weg von Literatur, bildender Kunst, Musik bis hin zur Naturwissenschaft reicht und wohltuend spürbar weit hinein ins Feld des Unbeweisbaren und letztlich Unbegreiflichen führt.

Immer wieder erlebe ich dabei „ein kleines Pfingstwunder", von dem Adolf Muschg[105] in einem Interview spricht, wenn er sich wünscht, dass wir die Welt auch in ihren Unbegreiflichkeiten besser begreifen lernen. Das Beste, was er von seinem beruflichen Alltag mitgenommen hätte, wären kleine Pfingstwunder gewesen, die sich im alltäglichen Gespräch ereignet hätten. Wenn Kollegen verschiedener Disziplinen einander erklären lernten, was sie treiben, hätten sie es plötzlich selbst besser begriffen. Und so wäre das Miteinander zu einem wunderbaren Generator von Kontexten geworden für den Text der eigenen Forschung. Schon in der Bibel habe das Pfingstwunder ja nicht darin bestanden, dass alle dieselbe Sprache gesprochen hätten, sondern dass offenbar jeder die Sprache des anderen zu verstehen begonnen habe. Die Wissenschaften könnten sich das große Wort Lichtenbergs nicht genug gesagt sein lassen: „Wer nur die Chemie versteht, versteht auch die nicht recht."[106]

Der angesehene amerikanische Psychiater und Psychoanalytiker Dr. Ralph Greenson, dem das Wort „Seele" nicht über die Lippen kommt, rät den Psychotherapeuten, in den Kosmos der Welt der universalen Erlebnisse einzutauchen und das die Menschheit Verbindende zu suchen. Nach Greenson sollte ein Mensch, der anderen zu helfen bereit ist, einen reichen Schatz persönlicher Lebenserfahrung haben, auf den er zurückgreifen kann, um einen anderen Menschen leichter und besser verstehen zu können. Hilfreich dabei sind gute Kenntnisse in Literatur, Dichtung, Theater, Märchen, Volksbräuchen und Spielen. All das lässt ihn eintauchen in den Erfahrungsschatz der Menschheit und ist ihm bei seiner täglichen Arbeit des Verstehens von unschätzbarem Wert.

> *„Die Welt der Illusionen des Menschen, seien es Theater, Musik, Kunst, Märchen oder Tagträume, hat es mit universellen Erlebnissen zu tun und verbindet die Menschheit. In diesen Medien sind wir einander näher als in unseren bewussten Tätigkeiten oder sozialen Institutionen."*[107] ·

Diese universellen Erlebnisse verbinden die Menschen untereinander, und Menschen, die darauf vergessen und sich in den alltäglichen Belanglosigkeiten verlieren, fügen sich schweren Schaden zu, wie auch schon die Bibel weiß: „Was nützt es einem Menschen, wenn er die ganze Welt gewinnt, dabei aber sich selbst verliert und Schaden nimmt?"[108] und „Was nützt es einem Menschen, wenn er die ganze Welt gewinnt, dabei aber sein Leben einbüßt? Um welchen Preis könnte ein Mensch sein Leben zurückkaufen?"[109]

Ich erblicke in solchen Texten den Fokus der Bibel auf den innersten Bereich des Lebens, auf die innere Fähigkeit des Menschen zu universellen Erlebnissen, auf das, was wir „Seele" oder „Herzmitte" nennen können.

Im Rahmen einer Ausstellung in Chicago „Kiki Kogelnik and the Venetian Heads" wurde die Künstlerin gefragt, ob es in ihrer Kunst eine spirituelle Dimension gäbe. Sie antwortete:

> „Ja, jedes meiner Werke beinhaltet spirituelle Elemente, die nicht unbedingt unmittelbar in Erscheinung treten müssen. Ich erinnere mich an ein Gespräch mit Roy Lichtenstein in den Sechzigerjahren über die Existenz der Seele. Roy konnte daran nicht glauben und wollte von mir wissen, wo ich glaube, dass die Seele im Körper ihren Ort hätte und wie sie aussehen könnte. Ich konnte ihm die Seele nicht definieren, aber ich war mir sicher, dass sie existiert. Und noch immer kann ich nicht definieren, was Seele ist, aber ich hoffe, Sie werden sie in meiner Arbeit finden."[110]

Einen gedanklichen Zugang zum „Ort" der Seele im Menschen finde ich im berühmten Wort aus dem Johannesprolog, um dessen Übersetzung schon Goethe im Faust ringt: „Im Anfang war das Wort"[111], steht dort zu lesen. Im griechischen Original wird für das „Wort" der Ausdruck „Logos" verwendet, das mit „Sprache", „Rede", aber auch „Wertschätzung" und „Beachtung" übersetzt werden kann. Und ich scheue mich nicht, diesen biblischen Satz mit „im Anfang war der Klang" zu übersetzen, weil die menschliche Stimme die Hauptweise ist, in der Menschen voreinander in Erscheinung treten und damit nicht nur ihr Interesse, sondern zuallererst als „atembegabte Wesen" ihr Lebendigsein kundtun. Was Menschen bewegt, artikulieren sie neben Mimik und Gestik hauptsächlich durch ihre Stimme. Stimme ist rein physikalisch betrachtet „hörbar gemachter Atem", der auf Dauer nicht verstellt werden kann.

Der Klang der Seele im Klang der Stimme

Stimme ist immer original. Die Stimme gehört so untrennbar zum Erscheinungsbild und zum Auftreten eines Menschen dazu, sie ist der Fingerabdruck seiner Seele, seine unverwechselbare Visitenkarte. An der Stimme ist zu hören, wie es um das Innerste bestellt ist. Weil die menschliche Stimme in ihrem Ursprung und ihrem Wesen nach immer etwas „von innen" ist, erkennen vertraute Menschen einander zuallererst am Klang der Stimme. Durch diesen Klang wird die Landschaft tief drinnen im Herzen eines Menschen spürbar. So führt die Stimme eines Menschen diesen Menschen zu sich selbst und gleichzeitig über sich selbst hinaus. Jedes Gespräch, jede menschliche Begegnung lebt im Grunde aus dieser Doppel-Wirkung. Es ist die Doppelbewegung von „Hinreise" und „Rückreise", die Erfahrung, sich innerlich zu spüren und daraus die Kraft zu erhalten, aufzubrechen und nach außen auf andere Menschen zuzugehen. Darum reden wir ja auch, wenn uns etwas zutiefst bewegt, von einer „hinreißenden" Erfahrung, von einem inneren Berührt-Werden, das uns einerseits „ganz da" und gleichzeitig „ganz weg" sein lässt. Ich höre oft von verwunderten Patienten, dass nach wenigen Therapiestunden ihre Angehörigen aus der veränderten, kräftigeren Stimme bereits eine Besserung ihres Zustandes und eine den Betroffenen so noch nicht bewusste Veränderung „heraushören" und spüren können ...

Als so verstandenen Ausdruck des Seelischen führt die Stimme den Menschen immer zu sich selbst und gleichzeitig über sich selbst hinaus. Wie der Körper die Luft zum Atmen braucht, so braucht die Seele, um lebendig zu bleiben, die „Ekstase", das Aus-Sich-Herausgehen, die Mit-Teilung, die Möglichkeit und Fähigkeit, sich anderen gegenüber zu öffnen und an deren Leben teilzuhaben.

Ein in diesem Zusammenhang mir vertrautes biblisches Beispiel ist der Lobpreis Mariens aus dem Lukasevangelium: Zwei schwangere Frauen begegnen einander. Die eine, Maria, macht sich auf den Weg in eine Stadt im Bergland von Judäa. Dort angekommen geht sie in das Haus hinein und begrüßt ihre Verwandte Elisabeth. Elisabeth ist außer sich vor Freude:

> *„Als Elisabeth den Gruß Marias hörte, hüpfte das Kind in ihrem Leib. / Da wurde Elisabeth vom Heiligen Geist erfüllt und rief mit lauter Stimme: / Gesegnet bist du mehr als alle anderen Frauen, / und gesegnet ist die Frucht deines Leibes ... / Da sagte Maria: / Meine Seele preist die Größe des Herrn, / und mein Geist jubelt über Gott meinen Retter. / Denn auf die Niedrigkeit seiner Magd hat er geschaut. / Siehe, von nun an preisen mich selig alle Geschlechter. / Denn der Mächtige hat Großes an mir getan, / und sein Name ist heilig. / Er erbarmt sich von Geschlecht zu Geschlecht / über alle, die ihn fürchten. / Er vollbringt mit seinem Arm machtvolle Taten: / Er zerstreut, die im Herzen voll Hochmut sind; / er stürzt die Mächtigen vom Thron / und erhöht die Niedrigen. / Die Hungernden beschenkt er mit seinen Gaben / und lässt die Reichen leer ausgehen ..."*[112]

Dieser vielen Menschen als „Magnifikat" vertraute biblische Text ist aus meiner Sicht auch aus psychologischer Hinsicht interessant. Eine stimmige Begegnung unter Menschen ist nur auf gleicher Augenhöhe möglich. Dann aber geschieht durch sie so etwas wie „sozialer Ausgleich": Oben und Unten sind aneinander gebunden, Unterschiede werden ausgeglichen, der Mächtige tut Großes am Kleinen, das Kleine hüpft im Schoß der Großen, Hungernde werden mit Gaben beschenkt, Hochmut wird vom Thron gestürzt und die „niedrige Magd" emporgehoben und von allen gepriesen.

In einer stimmigen Begegnung geschieht „heiliger Tausch", Menschen beginnen, sich in den anderen Menschen hineinzuversetzen, versuchen mit dem Herzen des anderen zu fühlen und mit den Augen des anderen zu sehen. Ohne „Seele", ohne das innere „Instrument der Harmonie"[113], ohne die „Spiegelneuronen"[114], würde die Neurobiologie sagen, wäre diese Erfahrung nicht möglich. Im Sinne von Resonanz und Klang der Seele erfasst eine solche Erfahrung dann aber alles im Menschen und bezieht alles mit ein, was zu ihm gehört, nicht nur den Menschen, der er gerade ist, sondern auch „das Kind", das er einmal war, beginnt in ihm zu hüpfen und zu jubeln, weil es sich mitgemeint weiß in dem Gruß, in der Begegnung, in dem rückhaltlosen „Ja" zueinander. Wo Menschen so zueinander finden, sieht die Welt mit einem Male wie Heimat aus. Darum heißt es zum Schluss: „Und Maria blieb etwa drei Monate bei ihr, dann kehrte sie nach Hause zurück."[115]

In Peter Handkes Erzählung „Langsame Heimkehr" heißt es von „Sorger", der Hauptfigur:

> (Er) „setzte sich wieder an den Tisch und fing, statt im Spiel die Schachfigur zu ziehen, zu reden an. Selber immer noch wie unsichtbar, blickt er in die Gesichter der anderen hinein, als sei er von ihnen schon getrennt, nicht durch einen Zeitsprung, sondern durch einen ganz allmählich ihn (mit dem Reden) entrückenden Zeitfall, den er, indem er sprach und erzählte, als gleichbleibend linde Berührung spürte; so sich bedächtig frei sprechend, dachte er mittendrin: ‚Was ich je für mich gedacht habe, ist nichts: ich bin nur, was mir gelungen ist, euch zu sagen.'"[116]

„Sprich ein Wort, und mein Bursche wird gesund", bittet der Hauptmann von Kafarnaum Jesus in der Hoffnung auf „fernmündliche" Heilung seines Dieners.[117] Er erachtet sich nicht für würdig, den Heilenden in sein Haus zu bitten, aber sein Vertrauen in ihn, dass schon ein seinem Diener zugedachter heilender Gedanke bewirken könne, was er sich wünscht, ist das Überraschende an dieser Geschichte.

Weil Gedanken wirkende Kräfte sind, können sie auch bewirken, was sie bedeuten. Wenn das Gewünschte das Gesagte und das Gesagte das Gemeinte ist, kann das Gewünschte heilende und helfende Wirkung zeigen. Wenn hingegen, um einen Gedanken von Konfuzius[118] als Gegenbild zu verwenden, bei dem, was wir sagen, schon die Worte nicht stimmen, dann ist das Gesagte nicht das Gemeinte. Und wenn das, was gesagt wird, nicht stimmt, dann stimmen auch die Werke nicht und so verderben in der Folge Sitten und Künste. Darum achte man darauf, dass die Worte stimmen. Das ist – nach Konfuzius – das Wichtigste von allem.

Das biblische Bild vom guten Hirten[119] erzählt, wie der Hirte die Herde für eine Zeit verlässt, um einem einzigen „Schaf" nachzugehen. Dabei wird die Herde vom Hirten so lange alleingelassen, bis er das Verlorene gefunden hat, weil es von sich aus niemals die Kraft gefunden hätte, zur Gruppe zurückzufinden. Das Suchen, das unermüdliche Nachgehen, das Rufen nach dem Verlorenen ist das „therapeutische Programm" des Jesus aus Nazareth. Das eigentlich Rettende dabei aber liegt im Klang der Stimme, im Einander-Kennen, im „Umeinander-wissen", im Wiedererkennen des vertrauten Klanges beim Wiederfinden: „Die Schafe folgen ihm", heißt es, „denn sie kennen seine Stimme. Einem Fremden werden sie nicht folgen, sondern sie werden vor ihm fliehen, weil sie die Stimme des Fremden nicht kennen."[120]

Ein paar Kapitel später im Evangelium des Johannes findet sich eine der zärtlichsten Erzählungen des Zweiten Testamentes: Maria aus Magdala kommt in der Morgendämmerung zum Grab, um den Leichnam Jesu zu beweinen, kann diesen aber in der Grabkammer nicht finden. Stattdessen begegnen ihr zwei Engel.

> *„Und die sagen zu ihr: Frau, was weinst du? Sagt sie zu ihnen: Meinen Herrn haben sie weggeholt, und ich weiß nicht, wo sie ihn hingelegt haben. Sie sprach das und wandte sich zurück – da schaut sie: Jesus steht da. Sie wusste aber nicht, dass es Jesus war. Sagt Jesus zu ihr: Frau, was weinst du? Wen suchst du? Da sie wähnt, es sei der Gärtner, sagt sie zu ihm: Herr, wenn du ihn weggetragen hast, sprich zu mir, wo du ihn hingelegt hast, damit ich selber ihn weghole. Sagt Jesus zu ihr: Maria! Die wendet sich um, und sagt hebräisch zu ihm: Rabbuni!"*[121]

Es ist der Klang der Stimme, der Maria finden lässt, was sie mit der Leidenschaft ihres Herzens sucht. Sie erkennt den, den sie sucht, in dem Augenblick, in dem er sie beim Namen ruft. Ihr Name klingt aus dem Mund des Vertrauten als Kosename, der ihr nicht nur die Augen, sondern auch und vor allem das Herz öffnet.

Nichts anderes meint wohl auch der Dichter, wenn Rainer Maria Rilke in einem seiner schönsten Gedichte, dem „Liebes-Lied", die Frage stellt:

> *„Wie soll ich meine Seele halten, daß*
> *sie nicht an deine rührt? Wie soll ich sie*
> *hinheben über dich zu andern Dingen?*
> *Ach gerne möchte ich sie bei irgendwas*

Verlorenem im Dunkel unterbringen
an einer fremden stillen Stelle, die
nicht weiterschwingt, wenn deine Tiefen schwingen.
Doch alles, was uns anrührt, dich und mich,
nimmt uns zusammen wie ein Bogenstrich,
der aus zwei Saiten eine Stimme zieht.
Auf welches Instrument sind wir gespannt?
Und welcher Geiger hat uns in der Hand?
O süßes Lied."[122]

Wenn Musik die Seele berührt

Wenn Menschen einander begegnen, hinterlassen sie unweigerlich wechselseitig einen Eindruck beim anderen Menschen, sie rufen, sagen die Fachleute, „Resonanz" hervor. Je größer unsere Fähigkeit, mitzuschwingen, ausgeprägt ist, umso eher gelingt es, gesunde und heilende Beziehungen zu gestalten. Auch in unserem Gehirn stehen Resonanz- und Harmonieeffekte im Zusammenhang damit, gesundheitsfördernde Prozesse auszulösen. Neueste neurobiologische Forschungen belegen z. B., dass durch musikalische Schwingungen ein wohltuendes Erleben von Einheit zwischen Denken, Fühlen und Handeln möglich wird, dass also soziale Resonanz zwischen Menschen erzeugt werden kann.[123]

Nichts anderes ist wohl auch geschehen – wenn auch in ganz anderem Zusammenhang – mit jenem zehn Jahre alten Kind, das vor über 55 Jahren an die Ecke Kärntner Straße/Kupferschmiedgasse kommt und plötzlich vom Zauber der Musik nicht nur in den Bann gezogen, sondern auch nachhaltig verwandelt wird. Aber das muss hier ausführlicher erklärt werden: Am 2. März 2013 hat der „Grenzlandchor Arnoldstein" im Kongresshaus Villach zum 90. Geburtstag von Gretl

Komposch, der Begründerin des Grenzlandchores, ein Fest-
konzert veranstaltet. Stefan Marko, der Obmann des Chores,
hat dabei folgende E-Mail vorgelesen:[124]

*„Es war ein dunkler, kalter Abend in Wien im Oktober
1957 und ich war zehn Jahre alt, allein, und wanderte in
der Inneren Stadt in Wien herum, um unter allen Umständen so spät wie möglich nach Hause zu gehen. Meine
Familie war zerrüttet, mit täglichem Streit, Hass, Furcht,
monatlichen Selbstmordversuchen meiner gestörten
Mutter und einem Vater, der schon vor Jahren aus meinem Leben verschwunden war. Meine Mutter lebte mit
mir und ihrem Vater, einem schrecklichen Choleriker
und Alkoholiker.*

*Die Lehrer in meinen Schulen waren täglich entsetzt,
dass ich meine Aufgaben nicht gemacht hatte und dass
ich alle Erwachsenen mit meinem Leben enttäuschte. Ich
war erst zehn Jahre alt, aber ich war schon hoffnungslos
und einsam wie ein alter Alkoholiker. Ich war einer der
schlechtesten und schwierigsten Fälle der Behörden. Und
an diesem Oktoberabend war mir auch sehr kalt. Als ich
um die Ecke kam, Kärntnerstraße und Kupferschmied-
gasse, hörte ich ganz verzaubernde Töne. Da war ein
Schallplattengeschäft mit einem Lautsprecher über der
Türe. Es war spät und das Geschäft schon geschlossen,
aber das Radio Ö1 war über den Lautsprecher zu hören.
Und wie ich zur Auslage gehe, höre ich diese wunderbaren Töne, dieses herrliche und so einprägsame Lied.
Es erzählt von Liebe, von Familie, von dem herrlichen
Gefühl, jemanden gern zu haben, von der seeligen (sic!)
Erfüllung, andere in unserem Leben zu unterstützen und
zu schätzen. Dieses Lied sprach direkt zu mir. Ich war
ganz befangen und gerührt.*

Ganz plötzlich änderte sich meine Lebenseinstellung. Da gab es Hoffnung. Da gibt es Leute, da draußen, irgendwo, die andere lieben, die gut sind zu anderen, die sich wohlfühlen in ihrer Familie und unter Freunden. Da gibt es Menschen, die menschlich sind. Und dann kam das Lied zum sanften Ende, als ob es Engel gesungen hätten, Engel, die mich ansprechen wollten. Und der Moderator im Radio sagte mit bewegter Stimme: „Das war der Grenzlandchor Arnoldstein." Dieser Moment war vor 55 Jahren und er hat sich so sehr in mein Hirn eingeprägt, ist so sehr in mir verankert, als wäre es gestern gewesen. Mit neuer Hoffnung und Ehrgeiz habe ich dann maturiert und bin in die Vereinigten Staaten ausgewandert. Diesen Moment aber habe ich nie vergessen.

Sobald ich den Grenzlandchor im Internet finden konnte, habe ich mir sofort alle verfügbaren CDs gekauft und mich entschlossen, nach Österreich zu fliegen, um persönlich ein Weihnachtskonzert des Chores mitzuerleben. Für die Botschaft der Liebe, der Hoffnung, der Menschlichkeit und der Seeligkeit (sic!) ihrer Musik möchte ich ihnen danken. Ihr Gefühl in ihrem Lied gab mir die Stärke und Gewissheit, dass da gute Menschen in der Welt sind, dass ich erfolgreich werden kann, wenn ich andere Menschen liebe und unterstütze und meine Familie schätze. Sie gaben mir die Hoffnung und die Liebe, die ich brauchte. Ich danke ihnen unendlich! Sie gaben mir das Geschenk der Liebe und eines guten Lebens. Ich wünsche Ihnen alles Gute! Man weiß ja nie, wann Ihre künstlerischen Anstrengungen etwas Besonderes für jemanden bedeuten."

Dr. Otto Arnoscht, Montgomery, Alabama,
seit 1967 in den USA

Schatz und Perle

„Schatz" und „Perle" sind bei Matthäus[125] zwei Bilder für den „Himmel", für den „Angelpunkt", für die „tragende Mitte" und die „innere Motivation" eines Menschen. Ein Mann entdeckt den Schatz, heißt es, gräbt ihn aber wieder ein, und in seiner Freude über den Fund verkauft er alles was er besitzt und kauft den Acker. Was er findet, übertrifft all seine Erwartungen und seine kühnsten Träume. Sein Leben hat mit einem Mal ein neues Koordinatensystem erhalten, eine bisher nicht gekannte, innere Motivation, von der die Neurobiologen sagen, sie wäre der einzige nachhaltige „Dünger fürs Gehirn", nämlich Lebensfreude und Begeisterung, die nicht vom Leben träumt, sondern den Traum „von innen her" zu leben versteht. „Schatz und Perle" – zwei Bilder, die Kraft, inneres Feuer, himmlisches Erleben und erfülltes Leben beschreiben, alles, was ein Mensch braucht, damit sein Leben nicht leer und ausgebrannt, sondern als „himmlisch", „geglückt", „gelungen und erfüllt" erlebt werden kann.

Eines meiner nachhaltigsten Erlebnisse als Jugendseelsorger in Kärnten war 1989/1990 wenige Wochen nach dem Fall der Mauer die gemeinsame Feier des Jahreswechsels mit 15 Sportstudenten aus Dresden. Durch sie lernte ich den Liedermacher Gerhard Schöne kennen. Sein für mich schönstes Lied ist genau dem gewidmet, was wir brauchen, um im Blick zurück von einem „gelungenen" Leben sprechen zu können; es erzählt von Augenblicken, die sich unverlierbar tief in der Seele eines Menschen einprägen und ihm so Kraft und inneres Feuer geben:

Vielleicht wird's nie wieder so schön[126]

„Ich denke manchmal an den Sonntag,
ich war vielleicht acht Jahre alt.
Ich ging mit Vater ins Museum.
Da drinnen war es hundekalt.
Er nahm mich unter seinen Mantel
und sagte: ‚Komm wir spiel'n Kamel!'
Wir stapften kichernd durchs Museum.
Die Aufsichtstanten guckten scheel.
An der verschneiten Haltestelle
durft' ich auf seinen Füßen stehn.
Ich hielt mich fest an ihm und dachte:
Vielleicht wird's nie wieder so schön.

Bevor wir auseinander gingen,
fuhr unsre Klasse noch einmal
in ein Barackenferienlager
mit einem kleinen See im Tal.
Am letzten Abend ein Getuschel:
‚Wir treffen uns am See heut Nacht!'
Wir schlichen uns aus den Baracken,
die Lehrer sind nicht aufgewacht.
Wir schwammen nackt ans andre Ufer
und haben uns schüchtern angesehn
im weißen Mondlicht, und ich dachte:
Vielleicht wird's nie wieder so schön.

Am Bahnsteig lernte ich sie kennen.
Sie hatten ihren Zug verpasst,
die sieben polnischen Studenten.
Jetzt waren sie bei mir zu Gast.
Die Mädchen schmierten ein paar Brote.

Die Jungen haben Wein besorgt,
und ich hab mir bei meinem Nachbarn
nen Stapel Decken ausgeborgt.
Wir sangen ‚Dona nobis pacem‘,
‚Give peace a chance‘ und ‚Penny Lane‘.
Als wir uns früh umarmten, dacht’ ich:
Vielleicht wird’s nie wieder so schön.

Damals im Zelt mit meiner Freundin.
Die erste Nacht mit ihr allein.
Wir wagten nicht, uns auszuziehen,
und krochen in den Schlafsack rein.
Wir schmiegten uns ganz aneinander.
Ich hab nur ihr Gesicht berührt.
Als sie schon schlief, hab ich noch immer
ihr Atmen wie ein Glück gespürt.
Obwohl mir schon die Arme schmerzten.
Ich dacht nicht daran, mich umzudrehn.
Es wurde Morgen, und ich dachte:
Vielleicht wird’s nie wieder so schön.

Noch manchmal, wenn wir uns umarmten.
Oft grundlos traurig, grundlos froh.
Einmal, als ich ein Mädchen hörte
in einer Kirche irgendwo.
Als wir klitschnass am Waldrand hockten
und da ein Regenbogen stand.
Und wenn ich Menschen plötzlich mochte,
die ich zuvor noch nicht gekannt.
Wenn ich’s vor Heimweh nicht mehr aushielt,
fuhr nachts zurück, um dich zu sehn.
In vielen Augenblicken dacht’ ich:
Vielleicht wird’s nie wieder so schön.   (1986)

Steh auf und geh:
Welterfahrung

„MEIN VATER war ein umherirrender, heimatloser Aramäer."[127] So beschreibt die biblische Tradition die Geschichte des alttestamentlichen Menschen. Das Volk Israel begreift sich als wanderndes Volk auf dem Weg durch die Wüste auf der Suche nach Rast- und Kraftplätzen für die Menschen und ihre Herden. Auf ihrem Weg als Nomaden träumen sie davon, der Hand der Ägypter entrissen nicht nur täglich zu finden, was sie zum Überleben brauchen, sondern endlich in ein schönes, weites Land geführt zu werden, „in ein Land, in dem Milch und Honig fließen".[128] Ich kenne keine ältere Beschreibung der menschlichen Sehnsucht nach dem Sesshaftwerden, nach Ankommen, „Zur-Ruhe-kommen", nach Geborgenheit und Glück. Der biblische Mensch begreift sich als ein Suchender, einer, der ständig in Bewegung und unterwegs ist, der ständig prüft, wohin er gehört und wer zu ihm passt. Und er wird nie mit Sicherheit wissen, ob er schon alles gefunden hat. „Homo homini mysterium" – Der Mensch bleibt dem Menschen in seiner Sehnsucht nach erfülltem Leben ein Leben lang ein großes Geheimnis. Der „homo viator" bleibt ein ständig Wandernder, unterwegs und auf der Suche …

> „Der Herr sprach zu Abram: ,Zieh weg aus deinem Land, von deiner Verwandtschaft und aus deinem Vaterhaus in das Land, das ich dir zeigen werde. Ich werde dich zu einem großen Volk machen, dich segnen und deinen Namen groß machen. Ein Segen sollst du sein.

*Ich will segnen, die dich segnen; wer dich verwünscht,
den will ich verfluchen. Durch dich sollen alle Geschlech-
ter der Erde Segen erlangen.' Da zog Abram weg, wie
der Herr ihm gesagt hatte, und mit ihm ging auch Lot.
Abram war fünfundsiebzig Jahre alt, als er aus Haran
fortzog.*"[129]

Aus den Erkenntnissen der modernen Hirnforschung wissen
wir, dass das menschliche Gehirn so wird, wie wir es benutzen, aber ganz besonders so, wie wir es mit Begeisterung benutzen. Das ist eine der bereits in meinem Buch „Das Kind
in mir"[130] beschriebenen „frohen Botschaften" der neurobio-
logischen Forschung. Es geht mehr, als der Mensch im Augenblick für möglich hält. Es steckt mehr in ihm als das, was
er im Augenblick weiß. Er kann sein Gehirn auch noch auf
eine ganz andere Weise nutzen. Er kann aus eingefahrenen
Sackgassen herauskommen, seine Lebenskarten noch einmal
neu mischen, sich umschauen und dabei erkennen, was es
da noch Wunderbares zu sehen und zu entdecken gibt. Und
das Schönste, das uns die Hirnforschung dabei zeigt, ist, dass
das Hirn und damit auch das Herz des Menschen zeitlebens
„plastisch" bleibt, zeitlebens formbar ist, zeitlebens neue Erfahrungen machen kann und dabei neue Netzwerke heraus-
bildet und stabilisiert.

Weil das für einen Menschen solange er lebt möglich ist,
kann auch der fünfundsiebzig Jahre alte Abram noch einmal
aufbrechen und bisher unbekannte, ganz neue Wege gehen.
Die Voraussetzung dafür, dass ihm das gelingen kann, liegt in
der Bereitschaft, sich „ohne Reiseversicherung" auf das Wagnis eines neuen Weges einzulassen. Das geht nur, wenn ein
Mensch aus innerster Motivation handelt, wenn er in seinem
Herzen von etwas angerührt wird, das ihm unter die Haut

geht und dort mit Nachdruck hängen bleibt. Um aber drauf-
zukommen, was ihn derart begeistern, innerlich berühren
und in der Folge motivieren könnte, aufzubrechen und nach
neuen Ufern Ausschau zu halten, muss er nachhaltig Zwiesprache mit sich selbst gehalten haben. Er muss es gelernt
haben und darin erfahren sein, in sich hineinzuhören und
zu spüren, was da drinnen als sein inneres Potenzial darauf
wartet, entdeckt und umgesetzt zu werden.

Gerade deshalb ist mir diese Stelle im Buch Genesis so
kostbar. Zu schnell gelesen könnte man meinen, Abram
handelt nur aus reinem „Gehorsam" Gott gegenüber. Ein
bibelkundiger Mensch mag da an die Stelle in der Apostelgeschichte[131] denken, wo Petrus sagt, man müsse „Gott
mehr gehorchen als den Menschen", als ginge es im Leben
des Menschen um einen „Gottesdienst des Gehorsams", um
eine demütig-unterwürfige „Dienstleistung", die er unter
der Devise „blind gehorchen und aufs Wort parieren" zu erbringen hätte. Wenn die Bibel an vielen ganz unterschiedlichen Stellen rund vierzig Mal von „Gehorsam" spricht, steht
das immer im Zusammenhang mit dem „Hören", das rund
vierhundert Mal vorkommt und in erster Linie wohl einen
Liebesdienst an sich selbst meint, nämlich hineinzuhören
in die Mitte der eigenen Existenz, Zwiesprache zu halten
mit den innersten Regungen des eigenen Herzens und gerade so Zwiesprache nicht nur mit sich selbst, sondern auch
mit Gott und der Welt zu halten. Bereits hier tut sich ein
ernstes Problem auf: Viele Menschen haben es nicht nur
verlernt, Zwiesprache mit sich zu halten, sie möchten auch
gar nicht wissen, was in ihrem Inneren vor sich geht. So
sind nach und nach Motivation wie auch Begeisterung verloren gegangen, die Lebensfreude verschwunden und „das
innere Feuer" erloschen. Und weil ihnen in der Folge nichts
mehr unter die Haut geht, glauben sie sich den Luxus der

Begeisterung nicht mehr leisten zu können. Stattdessen ziehen sie sich resigniert zurück oder aber – was nicht weniger gefährlich ist – sie treten die Flucht ins Dasein für andere Menschen an und werden so, wie das Wolfgang Schmidbauer[132] schon vor Jahrzehnten beschrieben hat, zum „hilflosen Helfer".

Romano Guardini schreibt dazu in seinem Aufsatz „Vom Sinn der Gemeinschaft":

> „Wir kennen alle das Bild jenes Menschen, der in das ,Wir' hineinverloren ist – vielleicht sogar in das ,Es'. Jenes Menschen, der immerfort bereit ist, sich vom Anderen sein Gewissen abnehmen zu lassen, und es anderen abzunehmen, und der so niemals in der Einsamkeit wirklicher Verantwortung steht: der immerfort sich mitteilen muss, und selbst vom Innen der Anderen naschen; der nicht mit sich fertig wird und, in der beständigen Flucht vor dem eigenen Versagen, sich in die Erziehung des Anderen wirft, oder in die Fürsorge für ihn … Und so weiter bis zu jenem, der es nur in der Geschäftigkeit und im Bereich aushalten kann; der weder die Einsamkeit noch die Stille erträgt, weil er da vor sich selbst zu stehen kommt."[133]

Wallfahrt: Der Hunger nach Erfahrung

Um aus diesem Dilemma auszusteigen, machen sich viele Menschen auf die Suche nach Alternativen für ihr bisher gelebtes Leben. Wenn Menschen in allen Kulturen und zu allen Zeiten Wallfahrten unternehmen, kommt damit natürlich ihre Sehnsucht nach Veränderung, nach Neuem zum

Ausdruck, im Grunde ist es wohl der Hunger nach „Erfahrung", der Wunsch, die eigene Mitte nicht zu verlieren und sich immer wieder neu zu verorten. Immer mehr Menschen machen sich auf den Weg, um aus ihrem Alltag auszusteigen, gewohnte Lebensweisen zu überdenken, für etwas zu bitten oder zu danken, ihre Sehnsucht nach Ruhe und Frieden und anderen Perspektiven zu stillen. Ob nach Santiago de Compostela oder nach Jerusalem, nach Rom oder Mariazell: Wallfahrt liegt im Trend. Ein wahrer „Spiri-Tourismus" scheint da im Gange und Wallfahrt ein soziales Ereignis ersten Ranges zu sein. Viele Menschen, die ihrer religiösen Gemeinschaft schon seit Langem den Rücken gekehrt haben, lassen es sich nicht nehmen, bei Wallfahrten mitzumachen, um vielleicht auch auf diesem Weg Verlorenes wiederzufinden.

Die Menschheit kennt seit jeher Orte der Kraft, die aufzusuchen eine besondere Faszination ausübt und an deren Besuch die Hoffnung auf Gesundheit für Leib und Seele geknüpft ist. Schon in der Antike ist der Kult des Heilgottes Asklepios an Heiligtümer in Epidauros, Athen, Knidos, Kos, Naupaktos, Pergamon und Sikyon gebunden. Alle Religionen kennen solche Wallfahrtsorte. Es geht immer um die Suche nach einem neuen Weg, um Aufbruch, manchmal auch um „Ausbruch", um „die Reise nach innen", um Läuterung und Klärung auf der Suche nach dem, wovon man leben kann.

In Santiago de Compostela im spanischen Galizien findet im Jahr 812 ein Hirte, geführt durch den hellen Schein eines Sterns, das Jakobsgrab. In der Folge wurde der Ort seit dem Mittelalter zum Wallfahrtsziel. Entlang des Pilgerweges entstand eine wunderbare Kulturlandschaft mit beeindruckenden, zu Stein gewordenen Zeugnissen des Glaubens und Vertrauens von Millionen Pilgern. Der Weg nach Santiago ist in rund 30-Kilometer-Abständen mit Kirchen, Klöstern und

Hospizen gerüstet, um auch heute noch Pilgern am Ende ihrer Tagesetappen körperliches und geistiges Kraftschöpfen anzubieten.

Vor bald 25 Jahren, im Sommer 1989, war ich Teilnehmer an der größten Wallfahrt in der Geschichte von Santiago di Compostela. Papst Johannes Paul II. hatte Jugendliche aus der ganzen Welt eingeladen und eine halbe Million junger Menschen aus allen Ländern Europas, „vom Atlantik bis zum Ural", wie der Papst es ausdrückte, aus Nord- und Lateinamerika, aus dem Mittleren Osten, aus Afrika, aus Asien und Ozeanien war gekommen. Ergreifend der einfache Ritus, den jeder Pilger vollzieht: Am Eingang der Basilika, an der großartigen „Porta de la Gloria", legt er seine Hand an die Säule des Heiligen und verneigt sich, bevor er die Kathedrale betritt. Am Grab des Apostels betet er in Stille und küsst zum Abschluss die Schulter der Jakobusstatue auf dem Hochaltar. Am Ende des Gottesdienstes schwingt der „botafumeiro", das größte Weihrauchfass der Welt, durch das mächtige Kirchenschiff und hüllt die ganze Gemeinde in eine wunderbar duftende Rauchwolke, im Mittelalter nicht nur aus religiösen Gründen, sondern wohl auch zur Neutralisierung des Schweißgeruches und zur Desinfektion gedacht.

Was sucht der Pilger, wenn er auf Wallfahrt geht? Es werden wohl immer ganz persönliche Gründe sein, die einen Menschen aufbrechen lassen. Aber immer gerät er durch seinen Pilgerweg in Erlebnisse, die ihn verwandeln, die ihn prägen und die er mit anderen teilen kann. Wenn er Glück hat, lernt er neu zu hören und zu sehen, zu riechen und zu schmecken; seine Sinne bekommen ihre Kraft zurück, er spürt mit dem Herzen und achtet auf Dinge, die im Trubel des Alltags verloren gegangen sind. Aber muss er, könnte jemand fragen, dazu auf Reisen gehen? Kann er die lebensnotwendenden

Erfahrungen nicht „einfach" auch dort machen, wo er im Moment in dieser Welt steht?

Diese Frage führt eine der vielen eigenartigen Paradoxien des Lebens vor Augen: Zum Zweck nachhaltiger Selbsterfahrung lohnt es sich, den Platz, an dem man lebt, immer wieder zu verlassen, um mit neuen Augen wertschätzend dorthin zurückkehren zu können oder aber in neuer Klarheit ganz woandershin aufzubrechen. In jedem Fall scheint zu gelten: Offensichtlich muss man erst einmal weggegangen sein, um wieder einen Blick für das zu bekommen, was man hat und wo man lebt. Natürlich braucht es nicht unbedingt die große Reise zu sein, die uns neue Erfahrungen schenkt. Für den, der immer unterwegs ist, ist vielleicht gerade sein Zuhause der privilegierte Ort, die Kunst des Abschaltens und Nichtstuns zu üben, um wieder Sinn im Leben und inneren Frieden zu finden. Wer aber nie vom Fleck kommt, droht im Einerlei des Alltags zu ersticken. Wer sich auf die Reise begibt, wer „wandelt", kommt „gewandelt", geläutert und mit neuen Augen als ein anderer nach Hause zurück. Allein schon durch seine körperliche Bewegung hat er das wirksamste Antidepressivum der Natur aktiviert, weil er mit jedem Schritt auch dafür sorgt, dass sein Hirn arbeitet, nicht zum Stillstand kommt und neugierig bleibt.

„Wallfahrt" bedeutet in diesem Sinn zunächst einfach in Bewegung zu bleiben, Hunger nach Erfahrungen zu haben, nicht aufzuhören, auf der Suche zu sein. André Gide rät dazu, sich an die zu halten, die die Wahrheit suchen, sich aber vor denen zu hüten, die sie gefunden haben. Kein Wallfahrer, der ans Ziel kommt, kann einem anderen das Gehen seines Weges ersparen. Aber jeder Wallfahrer, wiewohl er auch weiß, dass ihm niemand seinen Weg abnimmt, wird dankbar dafür sein, einen Weggefährten zu finden, der mit ihm geht. Davon singt der Psalmist in einem der bekanntesten Lieder des Ersten Testamentes:[134]

„Der Herr ist mein Hirte, / nichts wird mir fehlen. Er lässt mich lagern auf grünen Auen / und führt mich zum Ruheplatz am Wasser. Er stillt mein Verlangen; / er leitet mich auf rechten Pfaden, treu seinem Namen. Muss ich auch wandern in finsterer Schlucht, / ich fürchte kein Unheil; denn du bist bei mir, / dein Stock und dein Stab geben mir Zuversicht. Du deckst mir den Tisch /v or den Augen meiner Feinde. Du salbst mein Haupt mit Öl, / du füllst mir reichlich den Becher. Lauter Güte und Huld werden mir folgen mein Leben lang / und im Haus des Herrn darf ich wohnen für lange Zeit.“

Ein moderne Version dieser biblischen Ermutigung und Zuversicht hat vor ein paar Jahren ein Seminarteilnehmer aus der Südsteiermark am Ausgang einer Buschenschank gefunden: „Geh nur deinen Weg! Frag nicht, was die andern sagen. Wenn dir Gott das Urteil spricht, wird er nicht die Leute fragen.“

Eine solche Zuversicht, das Wiederentdecken eines inneren „Müssens“, einer persönlichen Unerschrockenheit wäre auch gerade das, was in meinem Verständnis die innerste Bestimmung und Aufgabe von Religion wäre, nämlich, einem Menschen zu helfen, sein ursprünglichstes „Vermögen“, sein persönlichstes Potenzial, seinen innersten Kern freizulegen und wieder zugänglich zu machen. Wenn die WHO den westlichen Industriestaaten für die nächsten zwanzig Jahre den Anstieg von Angststörungen und depressiven Erkrankungen vorhersagt, dann darf vermutet werden, dass diese Erkrankungen aufs Engste mit dem Verlust dieses Blickes auf das persönliche Vermögen des Einzelnen in Zusammenhang stehen. Die Menschen werden nicht in erster Linie durch Erschöpfung krank, sondern durch den Verlust sinnstiftender Perspektiven. Was eine seelisch gesunde Gesellschaft deshalb zuallererst braucht, sind Beispiele des Gelingens, an denen deutlich wird, wie es gemacht werden kann und wie es anders gemacht werden muss, damit es gelingen kann. Ziel solcher Wallfahrt könnte demnach ein schärferer Blick aufs gemeinsame Ganze, aber auch ein besseres Gespür für das unverwechselbar eigene innere Vermögen sein.

Wer sich so ohne vordergründigen Nutzen und ohne ganz bestimmten Zweck für eine Zeit lang auf den Weg macht, einfach, um sich selbst unterwegs im Gehen zu erleben, wird mit etwas Glück die wunderbare Erfahrung machen, wie wohltuend es ist, einmal den Plunder des Alltags auszublenden und sich nur auf das zu konzentrieren, was unmittelbar notwendig ist. Das schafft nicht nur eine neue Rangordnung in Herz und Hirn, es entschlackt auch in vielfacher Hinsicht und zeigt auf, wie wenig ein Mensch im Grunde braucht, um mit sich und der Welt im Reinen zu sein.

Gerade darin scheint ja meines Erachtens eines der großen Probleme des modernen Menschen zu liegen: Weil er nicht mehr weiß, was er wirklich braucht, scheint er es auch verlernt zu haben, auf das zu achten, was ihm wichtig und wesentlich ist, was tief drinnen in ihm unverwechselbar darauf wartet, entdeckt zu werden. Wer zwischen vermeintlich Notwendigem und dem, was ihm guttut, nicht mehr zu unterscheiden vermag, droht in der Folge an den vielen Möglichkeiten seines Lebens zu ersticken.

Er verhält sich wie ein „Messie", der bei allen Gelegenheiten für den Fall der Fälle Vorsorge zu treffen sucht, ständig mit Absicherungsmaßnahmen beschäftigt ist und dadurch unempfänglich wird für den Luxus des gelebten Augenblicks.

Am Ende eines solchen Lebens mag er sich dann fragen, wer er denn in all den Jahren mit seinen vielen Sorgen geworden ist. Und im wehmütigen Blick zurück mag er sich dann wie ein alt gewordener Liebhaber, der den Schritt aus sich heraus hin zum anderen Menschen nie gewagt hat, eingestehen, dass möglicherweise mit etwas Mut und Entschiedenheit vor Jahren aus den beiden hätte etwas werden können. So aber ist nichts außer ungenützte Gelegenheit und unwiederbringlich verlorene Zeit geblieben, weil er vor lauter Sorge um das, was kommen könnte, auf das eigentliche Leben vergessen hat, von dem John Lennon sagt, dass es sich ereignet, während er seine Pläne schmiedet und Vorkehrungen trifft. Wenn ein solcher Mensch Glück hat, dann raschelt auch in seinem Leben, wie in der folgenden Geschichte, ein Blatt zu Boden und stellt die Verhältnisse wieder ins richtige Licht:

„Was machst du da?", fragt ein kleiner Vogel den anderen, der auf dem Rücken im Gras liegt und seine zarten Beine gegen den Himmel streckt. „Ich trage mit meinen Beinen den Himmel", antwortet dieser, „wenn ich sie einziehe, fällt der Himmel über mir zusammen!" Kaum aber hat er das gesagt, löst sich vom nahen Eichenbaum ein Blatt und raschelt zu Boden. Darüber erschrickt das kleine Großmaul so sehr, dass es auf- und davonfliegt. Der Himmel aber steht heute noch an seinem Platz.

Die Weisheit der Bibel offeriert auch hier ein Gegenbild:

> *„Seht euch die Vögel des Himmels an: Sie säen nicht, sie ernten nicht und sammeln keine Vorräte in Scheunen; (…) Wer von euch kann mit all seiner Sorge sein Leben auch nur um eine kleine Zeitspanne verlängern? Und was sorgt ihr euch um eure Kleidung? Lernt von den*

Lilien, die auf dem Feld wachsen: Sie arbeiten nicht und spinnen nicht. Doch ich sage euch: Selbst Salomo war in all seiner Pracht nicht gekleidet wie eine von ihnen. (…) Macht euch also keine Sorgen und fragt nicht: Was sollen wir essen? Was sollen wir trinken? Was sollen wir anziehen? (…) Sorgt euch also nicht um morgen; denn der morgige Tag wird für sich selbst sorgen. Jeder Tag hat genug eigene Plage. "[135]

Was Sterbende am meisten bereuen

Im Sommer 2013 hat ein Buch mit dem ungewöhnlichen Titel „Was Sterbende am meisten bereuen"[136] für Schlagzeilen gesorgt. Nach vielen Reisen durch die ganze Welt, auf der Suche nach dem, was dem Leben Sinn gibt, findet die Australierin Bronnie Ware eine neue Aufgabe. Sie begleitet Menschen in den letzten Wochen ihres Lebens und erzählt von wunderbaren Begegnungen und berührenden Gesprächen, in denen Sterbende auf ihr Leben zurückblicken und ihr anvertrauen, was sie am Ende ihres Lebens am meisten bereuen: Demnach wünschen sich viele Menschen im Blick zurück, sie hätten den Mut gehabt, sich selbst treu zu bleiben, statt so zu leben, wie andere es von ihnen erwarteten.[137] Auch wünschen sich viele, nicht so viel gearbeitet zu haben[138] und bedauern, dass sie nicht den Mut gehabt hatten, ihren Gefühlen Ausdruck zu verleihen.[139] Sterbende bedauern auch, den Kontakt zu ihren Freunden verloren[140] und sich nicht genug Freude gegönnt zu haben.[141]

Vielen Menschen wird so zu spät und dann umso schmerzlicher bewusst, welche Chancen und Möglichkeiten sie in ihrem Leben ungenutzt haben verstreichen lassen. Dazu passt ein Text, der immer wieder dem argentinischen Schriftsteller

Jorge Luis Borges[142] zugeschrieben wird, dessen wahre Herkunft sich aber leider nicht mehr feststellen lässt:

> *„Wenn ich mein Leben noch einmal leben könnte,*
> *im nächsten Leben würde ich versuchen,*
> *mehr Fehler zu machen.*
> *Ich würde nicht mehr so perfekt sein wollen,*
> *ich würde mich mehr entspannen.*
> *Ich wäre ein bisschen verrückter,*
> *als ich gewesen bin,*
> *ich würde viel weniger Dinge so ernst nehmen.*
> *Ich würde nicht so gesund leben.*
> *Ich würde mehr riskieren, würde mehr reisen,*
> *Sonnenuntergänge betrachten, mehr bergsteigen,*
> *mehr in Flüssen schwimmen.*
> *Ich war einer dieser klugen Menschen,*
> *die jede Minute ihres Lebens fruchtbar verbrachten.*
> *Freilich hatte ich auch Momente der Freude;*
> *aber wenn ich noch einmal anfangen könnte,*
> *würde ich versuchen, nur mehr gute Augenblicke zu haben.*
> *Falls du es noch nicht weißt,*
> *aus diesen besteht nämlich das Leben;*
> *nur aus Augenblicken; vergiss nicht den jetzigen!*
> *Wenn ich noch einmal leben könnte,*
> *würde ich von Frühlingsbeginn an*
> *bis in den Spätherbst barfuß gehen.*
> *Und ich würde mit mehr Kindern spielen,*
> *wenn ich das Leben noch vor mir hätte.*
> *Aber sehen Sie: Ich bin 85 Jahre alt*
> *und ich weiß, dass ich bald sterben werde."*

In der Antike wurde KAIROS, der Gott des rechten Augenblicks, als Jüngling dargestellt, der vorne eine Locke und hinten eine Glatze trägt. Von vorne packt man ihn beim Schopf, einen Augenblick später greift man von hinten ins Leere. An unzähligen Stellen ließe sich zeigen, wie modern die Bibel auch hier ist. Es geht ihr nicht um Vertröstung und Jenseits, sondern um das konkrete „Heute-Hier-und-Jetzt". Oft genug hat sich das Christentum als Vertröstungsreligion missbrauchen lassen und mit dem später fälligen Lohn im Himmel argumentiert. Wer aber die Bibel aufmerksam liest, wird ihr leidenschaftliches Plädoyer für „die Ewigkeit im Heute-Hier-und-Jetzt" nicht übersehen können. Dort heißt es etwa bei Paulus, der sich auf den Propheten Jesaja beruft: „Zur Zeit der Gnade erhöre ich dich, am Tag der Rettung helfe ich dir. Jetzt ist sie da, die Zeit der Gnade; jetzt ist er da, der Tag der Rettung"[143], oder wie Fridolin Stier übersetzt: „Da! Jetzt ist die Zeit, die hoch willkommene. Da! Jetzt ist der Tag der Rettung."[144] Ohne dieses „Jetzt" kann es kein inneres Feuer, keinen Zauber, keine Begeisterung, keine Ermutigung, kein erfülltes Leben geben. Und einer der markanten Sätze des Johannesevangeliums lautet: „Ich bin gekommen, dass sie Leben haben – ja es haben überreich."[145]

Wunder der Auferstehung

Das Schicksal des Propheten Elija liest sich im Ersten Buch der Könige wie die geradezu „heutige" Geschichte eines Menschen, der nicht mehr weiterweiß und auch die Kraft für den nächsten Schritt nicht mehr aufbringt. Sein einziger Wunsch besteht darin, hinauszuwandern in die Wüste, weg von den Menschen, weg von den neugierigen Blicken und den lästigen Fragen der anderen. Das Schlimmste in seelischen Krisenzeiten sind ja für die Betroffenen oft die neugierigen Fragen der Menschen, die nicht aus dem Wunsch zu helfen, sondern aus einer „eigenartig-wurmstichigen" Wissbegierde kommen. Elija wandert also eine Tagesreise weit in die Wüste hinein, weg von den Menschen und legt sich dort mit dem Wunsch zu sterben unter einen Ginsterstrauch. Diese knappe Szene aus dem Ersten Buch der Könige ist wohl eine der frühesten literarischen Beschreibungen für das, was wir in heutiger Terminologie „schwere Depression" oder auch „Burn-out-Syndrom" nennen.

> „Er kam nach Beerscheba in Juda und ließ dort seinen Diener zurück. Er selbst ging eine Tagesreise weit in die Wüste hinein. Dort setzte er sich unter einen Ginsterstrauch und wünschte sich den Tod. Er sagte: ‚Nun ist es genug, Herr. Nimm mein Leben, denn ich bin nicht besser als meine Väter.' Dann legte er sich unter den Ginsterstrauch und schlief ein. Doch ein Engel rührte ihn an und sprach: ‚Steh auf und iss!' Als er um sich blickte, sah er neben seinem Kopf Brot, das in glühender Asche gebacken war, und einen Krug mit Wasser. Er aß und trank und legte sich wieder hin. Doch der Engel des Herrn kam zum zweiten Mal, rührte ihn an und sprach: ‚Steh auf und iss! Sonst ist der Weg zu weit für dich.' Da stand er auf, aß und trank und wanderte, durch diese Speise gestärkt, vierzig Tage und vierzig Nächte bis zum Gottesberg Horeb."[146]

Zwei Aspekte in dieser Erzählung erscheinen mir besonders bemerkenswert: Zunächst einmal ist es eine, gerade in schweren Zeiten wichtige und im besten Sinn des Wortes „lebensnotwendende" Erfahrung, dass die beste Hilfe und die wirksamste Therapie nicht greifen können, wenn sie nicht angenommen werden, wenn der andere Mensch als „Engel" keine Chance bekommt. Sich helfen zu lassen und Hilfe anzunehmen ist immer auch eine Übung der „Demut"; Mut also, einen angebotenen Dienst auch anzunehmen. Ich kenne viele Menschen, die dazu auch in äußerster Not nicht ohne Weiteres in der Lage waren. Es ist für mich manchmal sehr schmerzlich mitzuerleben, wie bei schweren und durchaus lebensbedrohlichen Krankheitsverläufen aus dahinter versteckten „beziehungskriminologischen" Gründen heilsame und heilende Angebote ausgeschlagen werden, so als wollte der Hilfsbedürftige den Helfenden mit seiner Weigerung, sich helfen zu lassen, bestrafen.

Der zweite Aspekt in dieser Geschichte klingt hoffnungsvoller. Es müssen nicht Wesen mit Flügeln sein, die einem Menschen in seiner Not zum lebensrettenden Engel werden. Jeder kann jedem jeden Tag einen solchen Liebesdienst leisten, vorausgesetzt freilich, dass er mit offenen Sinnen und feinen Antennen für die Not und die Bedürfnisse der Menschen unterwegs ist. In einem mir seit dem Jahre 1968 sehr vertrauten Lied heißt es:

> *„Lächelt dir nur im Stadtgewühl*
> *ein ganz Fremder zu,*
> *der wohl denkt wie du ...*
> *Diese Sekunde Glücksgefühl,*
> *kaufen kannst du sie*
> *doch im Leben nie."*[147]

Es müssen also nicht Engel mit Flügeln sein, die als Götterboten für neue Perspektiven der Ermutigung, für Auferstehung und Zuversicht sorgen. So mancher Engel weiß gar nichts vom Glück, das er auszurichten vermochte, wie zum Beispiel jene Frau irgendwo in Österreich, die ihre Nachbarin um Suppenkräuter bittet und erst Monate später erfährt, dass ihr Besuch wahrscheinlich das Leben eines Menschen gerettet hat ...

Lukas berichtet[148], wie Jesus in die Nähe des Stadttors kommt und auf einen Begräbniszug trifft. Freunde tragen – begleitet von vielen Menschen – den einzigen Sohn einer Witwe zu Grabe. Jesus sieht die Frau, hat Mitleid mit ihr und sagt: „Weine nicht!" Dann geht er zur Bahre hin, fasst den jungen Mann an und sagt: „Ich befehle dir, junger Mann: Steh auf!"[149] Da richtet sich der Tote auf und beginnt zu sprechen und Jesus gibt ihn seiner Mutter zurück.

Die Geschichte ist so unglaublich, unwahrscheinlich und geradezu märchenhaft, dass kein aufgeklärter Mensch daran denkt, so etwas könnte sich tatsächlich ereignet haben. Und doch erleben Menschen, die mit dem Herzen sehen und hinter den Worten wie auch zwischen den Zeilen lesen können, dass solche Geschichten sich tagtäglich ereignen. Wie viele Menschen haben andere Menschen abgeschrieben, totgesagt und links liegen lassen und miterleben müssen, dass trotz alledem Auferstehung möglich ist, als unmöglich Erachtetes Wirklichkeit werden, Leben gerade dort stattfinden kann, wo von allen der Tod herbeigeredet, um nicht zu sagen beschworen wird.

Ähnlich verhält es sich auch mit den Berichten von der Auferstehung Jesu. Ich lese sie samt und sonders nicht als journalistische Belegstücke für naturwissenschaftlich belegbare Tatsachen; ich sehe in ihnen Hymnen auf die täglich möglichen Auferstehungsüberraschungen im Leben. „Wenn du glaubst, es geht nicht mehr, kommt von irgendwo ein Lichtlein her", weiß der Volksmund. Die Auferstehungstexte des Zweiten Testamentes strukturieren diese Hoffnung, geben ihr Gewicht und Plausibilität. Leben ist das, was an Potenzial in jedem Menschen steckt. Die Erfahrung der „Auferstehung" ist das Sichtbarwerden des „Nicht-für-möglich-Gehaltenen". Es sind die Gehirnforscher, die uns sagen, dass jeder Mensch nur eine „Kümmerversion" seiner eigenen genetischen Möglichkeiten ist, dass noch vieles in ihm steckt und unter Umständen ein Leben lang nicht oder dann überraschend doch zum Vorschein kommt. Bis zum letzten Atemzug im Leben eines Menschen ist es möglich, Facetten an ihm kennenzulernen, die ihm niemand, auch er selbst sich nicht zugetraut hätte.

Überall dort aber, wo es doch möglich ist, gerät die Welt in Erstaunen. Ich denke, das meint die Bibel (auch), wenn sie von Auferstehung spricht. Totgeglaubtes kann lebendig werden, Erstarrtes kann aufbrechen, steter Tropfen den Stein aushöhlen. Leben beinhaltet mehr Potenzial als menschlicher Verstand sich auszudenken vermag. Wie oft muss ich staunen, was aus Menschen wird, deren Not und Aussichtslosigkeit so beeindruckend niederdrückend waren, dass niemand zu erahnen vermochte, wie positiv und lebensbejahend dieser Mensch plötzlich wieder auf seinen Beinen steht und ohne fremde Hilfe seinen Weg zu gehen vermag.

Die Apostelgeschichte[150] berichtet, dass Petrus und Johannes nachmittags „um die neunte Stunde" zum Gebet in den Tempel gehen und dort (wieder am Stadttor) einem Gelähmten begegnen, der sie um Almosen anbettelt. Der Mann wird jeden Tag ans Stadttor gebracht, um dort bei denen, die zum Tempel gehen, um Almosen zu betteln. Petrus fordert ihn auf: „Sieh uns an!" Es sind die Augen das Leitorgan menschlicher Kommunikation, in den Augen erkennt ein Mensch die innere Intention des anderen Menschen; darum halten Menschen mit unlauteren Absichten und uneingestandenen Hintergedanken dem Blick der Augen eines anderen Menschen nicht stand. Der Gelähmte, so erzählt die Apostelgeschichte, blickt Petrus und Johannes in der Erwartung an, ein paar Almosen von ihnen zu bekommen. Petrus aber sagt ihm: Gold und Silber haben wir nicht. Was ich aber habe, das gebe ich dir und das kannst du besser gebrauchen, weil es dir Selbststand gibt und dich wieder auf eigenen Füßen stehen lässt. Weil du nicht kriegst, was du wirklich brauchst, sitzt du gelähmt da am Stadttor und nimmst dir, was du kriegen kannst, bestenfalls ein paar Almosen, aber auf Dauer kannst du davon nicht leben. Ich aber, so Petrus zum Gelähmten, gebe dir, was du wirklich brauchst: „Im Namen Jesu Christi, des Nazaräers, geh umher!"[151] Und er fasst ihn an der rechten Hand und richtet ihn auf. Sogleich kommt Kraft in die Füße und Gelenke des Bettlers; er springt auf, kann stehen und umhergehen. Dann geht er mit ihnen in den Tempel, hüpft umher und lobt Gott. Auch diese Geschichte erlebe ich immer wieder im Alltag. Wie oft geschehen Wunder dadurch, dass wir einander mit positiven Zumutungen Mut machen und neue Perspektiven eröffnen, wie eine Adlermutter, die ihr Junges aus dem Nest schubst, damit es Fliegen lernt und sein inneres Vermögen endlich am eigenen Leib erlebt.

Interessant ist in diesem Zusammenhang, was Sigmund Freud dazu anmerkt. Bereits im Jahre 1890 schreibt er in seiner Schrift „Psychische Behandlung (Seelenbehandlung)", dass positive Gedanken des Patienten im Sinne einer aufgeschlossenen Erwartungshaltung wesentlich zur Gesundung beitragen könnten. Einen Sonderfall dieser Mitarbeit des Patienten beim Heilungsprozess sehe er in der „gläubigen Erwartung"[152]. Diese hoffnungsvolle und gläubige Erwartung sei eine wirkende Kraft, mit der strenggenommen bei allen Behandlungs- und Heilungsversuchen zu rechnen wäre. Am greifbarsten werde aber der Einfluss der gläubigen Erwartung bei den sogenannten Wunderheilungen. Diese Heilungen ohne Mitwirkung ärztlicher Heilkunst würden bei Gläubigen unter dem Einfluss von Veranstaltungen erfolgen, welche geeignet wären, die religiösen Gefühle zu steigern. Freud schreibt:

„Es wäre bequem, aber sehr unrichtig, wenn man die-
sen Wunderheilungen einfach den Glauben verweigern
und die Berichte über sie durch Zusammentreffen von
frommem Betrug und ungenauer Beobachtung aufklä-
ren wollte. Sooft dieser Erklärungsversuch auch recht
haben mag, er hat doch nicht die Kraft, die Tatsache der
Wunderheilungen überhaupt wegzuräumen. Diese kom-
men wirklich vor, haben sich zu allen Zeiten ereignet und
betreffen nicht nur Leiden seelischer Herkunft, ... son-
dern auch ‚organisch‘ begründete Krankheitszustände,
die vorher allen ärztlichen Bemühungen widerstanden
hatten.“[153]

Steh auf und geh: Deine Sünden sind dir vergeben

„Alle Menschen werden als Originale geboren,
die meisten aber sterben als Kopien.“
Blaise Pascal

Es gibt Lebensentwürfe, die weit hinter den in einem Men-
schenleben angelegten Möglichkeiten zurückbleiben. Alles,
was diesen inneren Möglichkeiten entgegensteht und den
Menschen daran hindert, zu wachsen und zu reifen, er selbst
zu werden und sich zu verwirklichen, nennt die Bibel „Sünde“ und meint damit im Grunde ein Vergraben des eigenen
Talents in der Erde, anstatt damit zu arbeiten und es so zur
Entfaltung zu bringen.[154] Manfred Scheuer, der katholische
Bischof von Innsbruck, nennt es „Werdescheu und Wachs-
tumsstörung“. Thomas von Aquin (†1225) geht in diesem
Zusammenhang davon aus, dass Gott nur dann vom Men-
schen „beleidigt“ wird, wenn dieser gegen sein eigenes Gut

(bonum) handelt. „Sünde" führt so zur Selbstzerstörung, das ICH wird zum MAN und ein geborenes, unverwechselbares Original zur traurigen Kopie.

Alle Neurosen beginnen dort, wo ein Mensch versucht, jemand zu sein, der er nicht ist und damit dem, der er sein könnte, keine Chance lässt. In seinem Buch „Komm, ich erzähl dir eine Geschichte" schreibt Jorge Bucay über die Selbstablehnung:

> *„Alles begann an jenem grauen Tag, an dem du aufhörtest, stolz ,Ich bin!' zu sagen. Und beschämt und ängstlich senktest du den Kopf und ändertest deine Worte und dein Handeln gemäß dem Gedanken: ,Ich sollte sein'.*[155]

Kein Wunder, dass das lähmt, dass einem Menschen so der Boden unter seinen Füßen schwer wird.

„Verlorener" Sohn und barmherziger Vater

Das Evangelium des Lukas erzählt ein Gleichnis, mit dem sich auf unvergleichlich zärtliche Art zusammenfassen lässt, worum es im Leben immer wieder geht und was eine Gesellschaft braucht, damit sie im Innersten zusammenhält und den Halt nicht verliert: die Kunst bedingungsloser Akzeptanz und Vergebung. Seit dem Tod meines Bruders, der vor 14 Jahren mit noch nicht ganz 43 Jahren an einem Krebsleiden starb, hat sich in meiner Praxis auf geheimnisvolle Weise die Anzahl der psycho-onkologischen Patienten sprunghaft erhöht. Viele durfte ich eine Wegstrecke lang begleiten. Erstaunlich viele haben den Kampf gegen den Krebs gewonnen und alle hatten sie eines gemeinsam: Sie hatten in ihrer Lebensbilanz, die sich automatisch angesichts einer lebensbedrohenden

Krankheit einstellt, emotional höchst angespannte und uner-
ledigte Situationen ihres Lebens zur Sprache gebracht, die sie
lösen wollten/mussten. Allen bisher von mir begleiteten Personen, die den Kampf gegen den Krebs gewinnen konnten,
war eines gemeinsam: Sie konnten verzeihen, Frieden schließen und ihr Leben in ein neues, versöhntes Licht stellen. Und
nicht selten sagten sie im Blick zurück, dass sie der Krankheit
eine neue Grammatik des Lebendigen, eine neue Lebensqualität verdanken, manche sprechen sogar davon, sich „wie neu
geboren" zu fühlen.

Im Ersten Testament ist der Tempel jener Ort, an dem selbst
ein Blutschänder verschont werden muss, sofern er mit seinen Händen die Flanken des Altars umfängt. „Jeder, der den
Altar berührt, wird heilig."[156] Das heißt, das Individuum ist
geschützt, es kommt ihm ein Wert an sich zu, der unabhängig von der Summe seiner Taten respektiert werden muss.
Viele Stellen der Bibel belegen diese Grundhaltung. Das für
mich schönste Beispiel dafür erzählt Lukas:

> *„Ein Mann hatte zwei Söhne. Der Jüngere von ihnen sag-*
> *te zu seinem Vater: ‚Vater, gib mir das Erbteil, das mir*
> *zusteht.' Da teilte der Vater das Vermögen auf. Nach*
> *wenigen Tagen packte der jüngere Sohn alles zusammen*
> *und zog in ein fernes Land. Dort führte er ein zügelloses*
> *Leben und verschleuderte sein Vermögen."*[157]

Die Geschichte klingt modern. Das Ziel des jüngeren Soh-
nes heißt „Egal-wohin-nur-weg-von-hier". Die Welt erobern.
Abenteuer. Freiheit. Nimm dir, was dir zusteht, und wandere,
wohin dein Herz dich trägt! „Hans im Glück."
Im Rokoko hat man sich als Ziel einer solchen „(Aus-)Wan-
derung" einen fixen Ort des Glücks vorgestellt, den „Locus

amoenus", zu dem ein Bächlein, eine Wiese, ein Baum, Vogelgezwitscher und die Geliebte zählten. Die zeitgenössische Variante hat der amerikanische Soziologe Sidney Minze beschrieben, indem er das Bild eines Mannes skizzierte, der auf dem Sofa sitzt, einen Joint raucht, Bier trinkt, Chips kaut, mit seiner Freundin knutscht und dabei fernsieht.[158] Wie auch immer wir uns das vorstellen mögen, der junge Mann lässt es sich gut gehen und verbraucht sein Geld.

> *„Als er alles durchgebracht hatte, kam eine große Hungersnot über das Land, und es ging ihm sehr schlecht. Da ging er zu einem Bürger des Landes und drängte sich ihm auf; der schickte ihn aufs Feld zum Schweinehüten. Er hätte gern seinen Hunger mit den Futterschoten gestillt, die die Schweine fraßen; aber niemand gab ihm davon. Da ging er in sich und sagte: ‚Wie viele Tagelöhner meines Vaters haben mehr als genug zu essen, und ich komme hier vor Hunger um. Ich will aufbrechen und zu meinem Vater gehen und zu ihm sagen: Vater, ich habe mich gegen den Himmel und gegen dich versündigt. Ich bin nicht mehr wert, dein Sohn zu sein; mach mich zu einem deiner Tagelöhner'. Da brach er auf und ging zu seinem Vater."*[159]

Bruchlandung nach dem Höhenflug: Alle Träume sind zerbrochen. Das Eingeständnis des Scheiterns wird zum Tiefpunkt, der Tiefpunkt aber zum Wendepunkt der Geschichte. Not lehrt nicht nur beten, wie das Sprichwort sagt, Not macht auch erfinderisch. Ohne Standortbestimmung kein Aufbruch, ohne Eingeständnis des Scheiterns kein Neubeginn.

Im Grunde kann die ganze Kulturgeschichte der Menschheit als eine Kette des Scheiterns begriffen werden, ein Lernen aus Fehlern. Identität haben, hat Alexander Mitscherlich sinngemäß gesagt, heißt zu den vielen Irrtümern zu stehen, die ein Mensch im Laufe seines Lebens begangen hat. An diesen Irrtümern ist er gewachsen und zum unverwechselbaren Charakter gereift. Deshalb sind Krisen, Schwierigkeiten und Erschütterungen Katalysatoren der Erneuerung, Wendepunkte im Leben eines Menschen – vorausgesetzt, sie werden angeschaut, artikuliert und eingestanden. Niemandem kann geholfen werden, wenn er sich nicht helfen lässt. Erst die Einsicht und das Eingeständnis, wohin man gekommen ist, macht Hilfe möglich. Nach einem umfassenden Geständnis zum Ende einer lange verschwiegenen Affäre schreibt ein Mann seiner Frau: „Am besten gefällt mir, dass wir uns gegenseitig nichts mehr vormachen; ganz ungeniert, jeder, wie er eben ist! Wobei freilich viel, mächtig viel Schmutz sichtbar wird. Schadet nichts, im Gegenteil! Genau hingeschaut, komme ich ihm auf den Grund, stoße mich daran ab und tauche wieder hinauf ins Licht."

Erwin Ringel hat „Vergangenheitsbewältigung" als eine Art „Beichte vor dem eigenen Ich"[160] beschrieben, eine aufrichtige Gewissenserforschung, einen langwierigen Prozess, der im Leben eines Menschen ein ständiger Begleiter sein und im Grunde nie aufhören sollte. Henrik Ibsen beschreibt sogar das „Dichten" als „Gerichtstag halten über sich selbst".[161]

> *„Der Vater sah ihn schon von weitem kommen, und er hatte Mitleid mit ihm. Er lief dem Sohn entgegen, fiel ihm um den Hals und küsste ihn. Da sagte der Sohn: ‚Vater, ich habe mich gegen den Himmel und gegen dich versündigt; ich bin nicht mehr wert, dein Sohn zu sein.‘ Der Vater aber sagte zu seinen Knechten: ‚Holt schnell das beste Gewand und zieht es ihm an, steckt ihm einen Ring an die Hand, und zieht ihm Schuhe an. Bringt das Mastkalb*

her, und schlachtet es; wir wollen essen und fröhlich sein,
denn mein Sohn war tot und lebt wieder; er war verloren
und ist wiedergefunden worden.' Und sie begannen, ein
fröhliches Fest zu feiern."[162]

Das vorurteilsfreie und bedingungslose „Ja zum Menschen"
unabhängig von der Summe seiner Taten gehört in helfenden Berufen zu den vornehmsten „Pflichten"; es kann nicht
Bestandteil einer „Technik", es muss als Grundhaltung die
Grundlage dafür sein. So kann der Moment des Wiederse-
hens zum Moment der Vergebung werden, die offenen Arme
zum alles entscheidenden Argument. Keine Befragung, keine
Vorhaltungen, rückhaltlose Freude über das Wieder-zuein-
ander-Finden.

Die Gruppe STS hatte 1985 mit dem Song „Großvåter" einen
Hit gelandet, dessen Text geradezu ein biblischer Kommen-
tar für unser Thema sein könnte:

„Bei jedem Wickel mit der Mutter wår mei erster Weg
von daham zu Dir.
Und Du håst g'sogt: „Sie is' allan, des muaßt' versteh'n,
åis vergeht, kumm, trink a Bier.
Dann håst Du g'mant, dås ganze Leb'n besteht aus Neh-
man und vül mehr Geb'n.
Worauf i aus Dein' Kost'n in der Nåcht
die påår tausend Schilling g'fladdert håb'
zum Verputzen in der Diskothek,
a påår Tåg' d'rauf håst' mi danåch g'frogt.
I håb's bestritt'n, hysterisch 'plärrt,
Dei Blick wår traurig, dånn hob' i g'rehrt.
Du håst nur g'sågt: „Kumm, låss' ma's bleib'n,
Göd kann går nie so wichtig sein!"

Einen Menschen in seelischer Not zu begleiten, ist nicht leicht, weil es unter Umständen lange dauert, bis sich erahnen und verstehen lässt, was im Inneren des anderen vor sich geht. Deshalb sind dabei liebevolle Geduld und behutsame Achtsamkeit die Grundvoraussetzungen dafür, dass das Wagnis auch gelingen kann. Wo es aber gelingt, ist es immer mehr als die Summe bestimmter Fertigkeiten. Und wo auf beiden Seiten zu spüren ist, dass liebevoll dosierte Zumutung zu konkret wirksamer Ermutigung wird, überrascht das den Therapeuten genauso wie den Ermutigten.

Matthäus erzählt:[163] Freunde bringen auf einer Tragbahre einen Gelähmten zu Jesus. Bewegt vom „Vertrauen", das diese Menschen in ihn setzen – man könnte auch sagen von dem, was diese Menschen und vor allem der Gelähmte ihm „zutrauen" –, ermutigt sie Jesus, dieses Vertrauen nicht nur in einen anderen so wie jetzt in ihn zu setzen, sondern dabei auf sich selbst nicht zu vergessen. So als wollte er ihnen sagen: Das, was du suchst und brauchst, findest du nicht in mir, sondern in dir selbst, aber ich will dir helfen, dass du darum weißt und dieses Wissen nicht vergisst! Tief in dir verborgen und verschüttet liegt das, was dich nicht nur heilt, also heil und ganz macht, sondern dir auch die Kraft gibt, wieder auf die Beine zu kommen und auf eigenen Füßen zu stehen, nicht mehr auf Schritt und Tritt nur auf deine Freunde und diese Tragbahre oder sonstige Krücken angewiesen zu sein, sondern aus eigener Kraft, die zwischendurch gelähmt sein mag, durchs Leben zu gehen. Jesus bündelt diese seine Zusage in den Satz: „Hab Vertrauen, mein Sohn, deine Sünden sind dir vergeben!"[164] … „Steh auf, nimm deine Tragbahre und geh nach Hause!"[165]
Jesus steht hier ganz in der Tradition des Ersten Testamentes. Der Zuspruch an den Gelähmten, „Deine Sünden sind dir

vergeben", ist weder ein Zaubertrick noch Gotteslästerung, es ist zuallererst ein wohltuend heilsam-ermutigender Perspektivenwechsel: Vergebung geschieht im Moment der Begegnung. Das Augenmerk liegt dabei nicht auf der Schuld, sondern auf der Not eines Menschen.

Als er nach seiner Krankheit wieder genesen war, stimmte König Hiskija ein Loblied an: „Du hast mich aus meiner bitteren Not gerettet, du hast mich vor dem tödlichen Abgrund bewahrt; denn all meine Sünden warfst du hinter deinen Rücken."[166]
Hiskija weiß sich in den Blick genommen, was zählt, ist er, und nicht das, was danebengegangen ist. Das ist der Angelpunkt, um den sich im Kern alle menschliche Begegnung dreht. So mag es durchaus sein, das die Erfahrung von „Schuld" einem Menschen zwar die Schamröte ins Gesicht treibt, ihm aber nicht die Würde nimmt, sondern Beine macht. Wo unter Menschen solche Zonen der Vergebung, des Vertrauens und des bedingungslosen Miteinanders möglich werden, braucht es keine Vorschrift und keine Regel, sondern die auf beiden Seiten wohltuende Erfahrung rückhaltloser Akzeptanz ohne Wenn und Aber.

Die Lebensregel von Baltimore

ZU ALLEN ZEITEN hat es „heilige" Schriften gegeben und immer wieder werden sie aus unterschiedlichsten Gründen und Kontexten entstehen. Ein schönes Beispiel dafür ist die Entstehungsgeschichte der sogenannten „Lebensregel von Baltimore". Frederick Kates, von 1956 bis 1961 Rektor der „St. Paul's Church" in Baltimore, war von dem nachstehenden Text so beeindruckt, dass er ihn auf das Briefpapier seiner Kirche mit dem Briefkopf „Old Saint Paul's Church Baltimore, founded 1692" druckte. Und so wurde der von Rektor Kates verteilte Text fälschlich für an die 300 Jahre alt gehalten und dementsprechend „verehrt". Tatsächlich stammt er aus dem Jahre 1927, aus der Feder des Amerikaners Max Ehrmann (1872–1945), einem Enkel deutscher Auswanderer, einem Juristen, der lieber Dichter geworden wäre, und sich dennoch als Anwalt seinen Lebensunterhalt verdienen musste. Drei Jahre nach seinem Tod, im Jahr 1948, wurde unter dem Titel „The Poems of Max Ehrmann" ein Gedichtband mit eben dieser Lebensregel veröffentlicht. Auf Postern und Karten abgedruckt, erreichte der Text im Schneeballprinzip große Verbreitung:[167]

> *„Geh deinen Weg gelassen im Lärm und in der Hektik dieser Zeit und behalte im Sinn den Frieden, der in der Stille wohnt. Bemühe dich, mit allen Menschen auszukommen, soweit es dir möglich ist, ohne dich selbst aufzugeben. Sprich das, was du als wahr erkannt hast, gelassen und klar aus und höre anderen Menschen zu, auch den Langweiligen und Unwissenden, denn auch sie haben etwas zu sagen.*

Meide aufdringliche und aggressive Menschen, denn sie sind ein Ärgernis für den Geist. Vergleiche dich nicht mit anderen, damit du nicht eitel oder bitter wirst, denn es wird immer Menschen geben, die größer sind als du, und Menschen, die geringer sind. Erfreue dich an dem, was du schon erreicht hast, wie auch an deinen Plänen.

Bleibe an deinem beruflichen Fortkommen interessiert, wie bescheiden es auch sein mag; es ist ein echter Besitz in den Wechselfällen der Zeit. Sei vorsichtig in deinen geschäftlichen Angelegenheiten, denn die Welt ist voller Trug. Lass dich jedoch dadurch nicht blind machen für die Tugend, die dir begegnet. Viele Menschen haben hohe Ideale, und wo du auch hinsiehst, ereignet sich im Leben Heldenhaftes.

Sei du selbst und, was ganz wichtig ist, täusche keine Zuneigung vor. Hüte dich davor, der Liebe zynisch zu begegnen, denn trotz aller Dürreperioden und Enttäuschungen ist sie beständig wie Gras.

Nimm den Rat, den dir die Lebensjahre geben, freundlich an und lass mit Würde ab von dem, was zur Jugendzeit gehört. Stärke die Kraft deines Geistes, sodass sie dich schützt, wenn ein Schicksalsschlag dich trifft. Doch halte deine Fantasie in Zaum, damit sie dich nicht in Sorge versetzt. Viele Ängste wurzeln in Erschöpfung und Einsamkeit. Übe gesunde Selbstdisziplin, doch vor allem sei gut zu dir.

Du bist ein Kind des Universums, nicht weniger als die Bäume und die Sterne: Du hast ein Recht, da zu sein. Und, ob es dir nun bewusst ist oder nicht: Ganz sicher entfaltet sich das Universum so, wie es ihm bestimmt ist. Lebe daher in Frieden mit Gott, wie auch immer du ihn dir vorstellst. Und worauf du deine Anstrengungen auch richtest, was es auch ist, was du erstrebst, im lärmenden

Durcheinander des Lebens: Sei mit dir selbst im Reinen. Trotz allen Trugs, aller Mühsal und aller zerbrochenen Träume ist die Welt doch wunderschön. Sei heiter. Strebe danach, glücklich zu sein.“

Zu guter Letzt:
Das Argument der Morgenröte

EIN SCHWEDISCHES WALDMÄRCHEN[168] erzählt,
dass an einem Sommertag mitten im Wald um die Mittagszeit
die Vögel ihre Köpfe unter die Flügel stecken und ein wenig
ruhen. Der Buchfink steckt sein Köpfchen hervor und fragt:
„Was ist das Leben?" Alle sind betroffen über diese schwere
Frage. Eine Rose entfaltet gerade ihre Knospe, schiebt be-
hutsam ein Blatt ums andere heraus und sagt: „Das Leben
ist Entwicklung." Weniger tief veranlagt ist der Schmetter-
ling. Lustig fliegt er von einer Blume zur anderen, nascht da
und dort und sagt: „Das Leben ist lauter Freude und Son-
nenschein." Drunten am Boden schleppt sich eine Ameise
mit einem Strohhalm, zehnmal länger als sie selbst, und sagt:
„Das Leben ist nichts als Müh' und Plag'." Geschäftig kommt
eine Biene von einer Blume zurück und meint dazu: „Das
Leben ist ein Wechsel von Arbeit und Vergnügen." Da steckt
der Maulwurf seinen Kopf aus der Erde und sagt: „Das Leben
ist ein Kampf im Dunkel." Die Elster, die selbst nichts weiß
und nur vom Spott der anderen lebt, sagt: „Was ihr für weise
Reden führt! Man sollte meinen, was ihr für gescheite Leute
seid!"
Es hätte nun einen großen Streit gegeben, wenn nicht ein
feiner Regen eingesetzt hätte. Und der Regen sagt mit leiser
Stimme: „Das Leben besteht aus Tränen, nichts als Tränen."
Dann zieht der Regen weiter zum Meer. Dort branden die
Wogen und werfen sich mit aller Gewalt gegen die Felsen,
klettern daran in die Höhe und werfen sich dann wieder mit

gebrochener Kraft ins Meer zurück und stöhnen: „Das Leben ist ein stetes vergebliches Ringen nach Freiheit." Hoch über ihnen zieht majestätisch ein Adler seine Kreise und frohlockt: „Das Leben ist ein Streben nach oben." Nicht weit davon steht eine Weide, die der Sturm schon zur Seite geneigt hat. Sie sagt: „Das Leben ist ein Sich-Neigen unter eine höhere Macht." Dann kommt die Nacht – In lautlosem Flug gleitet ein Uhu durch das Geäst des Waldes und krächzt: „Das Leben heißt, die Gelegenheit nutzen, wenn die anderen schlafen."

Schließlich wird es still im Wald. Nach einer Weile geht ein Mensch durch die menschenleeren Straßen nach Hause. Er kommt von einem Fest und sagt vor sich hin: „Das Leben ist ein ständiges Suchen nach Glück und eine Kette von Enttäuschungen." Auf einmal flammt die Morgenröte auf in ihrer vollen Pracht und sagt: „Wie ich, die Morgenröte, der Beginn des kommenden Tages bin, so ist das Leben der Anbruch der Ewigkeit."

Welche Stimme hat nun recht? Alle haben sie recht, aber keine ganz und ausschließlich für sich allein. Jede Stimme hat ihre Stunde und ihren Grund in konkreter Erfahrung. Die Summe aller in einem Leben gemachten Erfahrungen ist das kostbarste Gut eines Menschen, eingeschrieben in sein Innerstes, das einzige Paradies, aus dem ihn niemand vertreiben kann.

Anmerkungen

1 Koh 1, 10

2 Koh 3,1–8

3 Heraklit von Ephesus (* um 550 v. Chr.). Wie sein um 10 Jahre älterer Kollege Parmenides von Elea sieht auch Heraklit hinter Chaos und Kosmos eine Einheit jenseits der Vielheit. Aber er sieht es nicht, wie Parmenides, einfach in einem unabänderlich-beharrenden Sein. Werden und Vielheit sind für ihn nicht – wie für Parmenides – bloße Täuschungen. Gleichzeitig ist für ihn das endlose Fließen aller Dinge nicht automatisch das Gegenteil des Einheitlichen, sondern dessen Manifestation. Bekannt sind uns Heraklits Sätze „Wir können nicht zweimal in denselben Fluss steigen" – denn neue Wasser sind inzwischen herangeströmt, und auch wir selber sind in der Zwischenzeit andere geworden – und „Alles fließt, nichts besteht". Wie kein anderer vor ihm hat Heraklit das Geheimnis der Zeit und des ewigen Wandels empfunden und mit seinem Denken darauf reagiert. Aber nicht darin liegt die Größe seiner Erkenntnis, sondern erst darin, dass er hinter und in dem unaufhörlichen Fluss doch eine Einheit, nämlich ein einheitliches Gesetz erblickt: Einheit in der Vielheit und Vielheit in der Einheit.

4 Vgl. dazu: Störig, 1970, pp. 87–89

5 Ein geflügeltes Wort des Theologen Hans Urs von Balthasar (1905–1988)

6 Küng, 1978, p. 665

7 Küng, 1978, p. 665

8 Ein Wort von Eugen Drewermann bei seinem Vortrag 2013 im Rahmen der „Wiener Vorlesungen" im Wiener Rathaus am 17.06.2013

9 Unter „heilig" verstehen wir hier alle Schriften, die Menschen kostbar sind, weil sie in ihnen verdichtete Erfahrungen aufbewahrt wissen. Die Bibel als großartige Sammlung von Träumen, Mythen, Märchen, Sagen und Legenden ist so gesehen nur eine unter vielen heiligen und heilenden Textsammlungen der Kulturgeschichte der Menschheit.

10 Joh 11,50

11 Vgl. Drewermann, 1991, pp. 13–14

12 Fischedick, 2. Auflage 1988

13 Vgl. dazu Fischedick, 2. Auflage 1988, p. 16

14 Jes 5, 1–4

15 Lk 13, 6–9

16 Joh 15, 16

17 1 Kor 3,6–7

18 Jes 5, 5–7

19 Mk 12, 1–12

20 Mk 4, 1–8

21 Es wäre äußerst ergiebig, einmal gründlich zu untersuchen und herauszuarbeiten, wie sehr die Psychoanalyse in der jüdisch-biblischen Tradition eine ihrer wesentlichen Wurzeln erkennen muss.

22 Mk 4, 26–29

23 Weis 1, 13–14

24 Vgl. Fischedick, 2. Auflage 1988, pp. 16–20

25 Mt 5,8

26 Mt 11,25

27 Mt 5,3

28 Vgl. Fischedick, 2. Auflage 1988, p. 153 ff

29 Lk 17,21

30 Vgl. Nietzsche, 1964; später mit dem Untertitel „la gaya scienza", zuerst erschienen 1882 und 1887 ergänzt. Nietzsche, (1964)

31 Nietzsche, 1964, p. 49

32 Ein Text der 2009 in Wien verstorbenen österreichischen Schriftstellerin Doris Mühringer aus ihrem Werk „Reisen wir" (1995).

33 Blaise Pascal, Philosoph (1623–1662)

34 Fischedick, 2. Auflage 1988, p. 154

35 Joh 4, 5–19

36 Joh 7,37–39

37 Lk 6,19 In der Übersetzung von Friedolin Stier (Stier, 1989, p. 140)

38 Mt 4,23

39 Lk 9,2

40 Vgl. 39, 72: (Augustinus, 2006, p. 123)

41 Fischedick, 2. Auflage 1988, p. 157

42 Ein Ausdruck von Sigmund Freud, um die Bedeutung und Funktion des Traums zu beschreiben.

43 Der britische Anthropologe H. Noone hat erste Angaben über die Ureinwohner von Malakka für seine Dissertation verwendet. Der erste Bericht über die Traumschule stammt aus dem Jahre 1969 und wurde von Kilton Steward in New York publiziert. Unterschiedlichen Berichten zufolge gibt es heute 12.000 bis 18.000 Senoi.

44 Mit „Schlafumkehr" bezeichnet die Psychotherapie die nächtliche Schlaflosigkeit eines Patienten und sein Schlafbedürfnis untertags.

45 Gen 41, 39–40

46 1 Sam 3, 1–10

47 Mt 1,20–24

48 Mt 2,12

49 Mt 2, 13

50 Ijob 33,14–16

51 Vgl. Ez 14,14.20. Dass das Buch bereits um 200 v. Chr. vorliegt, belegt: vgl. Sir 49,9.

52 Ijob 2,13

53 Ijob 3,3

54 Ijob 5,17–18

55 Ijob 13,2

56 Ijob 31,35

57 Ijob 19,25

58 Ijob 42,5, in der Übersetzung von Martin Buber: (Buber, Die Schriftwerke, 1986, p. 339)

59 Ijob 17,14

60 Ijob 27, 2–6

61 Ijob 42,7

62 Jes 53,7

63 Ein paar Jahrhunderte später kommt dieser Gedanke auch bei Tertullian und Augustinus vor: „Credo, quia absurdum" – „Ich glaube, weil ich es nicht begreife".
Paulus argumentiert im Ersten Korintherbrief ähnlich: „Es heißt nämlich in der Schrift: Ich lasse die Weisheit der Weisen vergehen und die Klugheit der Klugen verschwinden. Wo ist ein Weiser? Wo ein Schriftgelehrter? Wo ein Wortführer in dieser Welt? Hat Gott nicht die Weisheit der Welt als Torheit entlarvt? Denn da die Welt angesichts der Weisheit Gottes auf dem Weg ihrer Weisheit Gott nicht erkannte, beschloss Gott, alle, die glauben, durch die Torheit der Verkündigung zu retten. Die Juden fordern Zeichen, die Griechen suchen Weisheit. Wir dagegen verkündigen Christus als den Gekreuzigten: für Juden ein empörendes Ärgernis, für Heiden eine Torheit, für die Berufenen aber, Juden wie Griechen, Christus, Gottes Kraft und Gottes Weisheit. Denn das Törichte an Gott ist weiser als die Menschen und das Schwache an Gott ist stärker als die Menschen." (1 Kor 1,18–25)

64 Ijob 1,21

65 Thiele, 2000, p. 44

66 Thiele, 2000, p. 17

67 Thiele, 2000, p. 46

68 Mt 22,36–40

69 Simone Weil (*1909 in Paris, † 1943 in Ashford, England), französische

Philosophin jüdischer Abstammung. Politisch und sozial stark engagiert, versucht sie in ihrem Leben Aktion und Kontemplation zu verbinden. Sie ist zunächst agnostisch orientierte Gewerkschafterin, aber auch Kritikerin des Marxismus. Später entwickelt sie sich zu einer bekannten Mystikerin, die Politik und Religion als Einheit sieht. Das Leben betrachtet sie als eine Suche nach dem Absoluten. Ihr Denken ist von christlicher Mystik sowie von platonischen und buddhistischen Einsichten geprägt. Sie entwickelt das Konzept der „décréation", der totalen Selbstentäußerung des Menschen vor Gott.

70 Ich verdanke diesen Gedanken von Simone Weil Herrn Hubert Gaisbauer, der am 24.08.2013 zum 70. Todestag der Mystikerin in Ö1 die „Gedanken für den Tag" gestaltet hatte.

71 1 Kor 4,7

72 1 Kor 12, 11–21

73 1 Kor 13,1–13

74 Stier, 1989, pp. 376–377

75 Bucay, Geschichten zum Nachdenken, 2006, p. 12

76 Guardini R., 1950, p. 50

77 Anton Pawlowitsch Tschechow (1860–1904), russischer Schriftsteller, Novellist und Dramatiker

78 Tschechow, 2009

79 Tschechow, 2009, pp. 7–8

80 Mat 7, 12

81 Tobit 4, 16

82 Am 8, 4–7

83 Vgl. dazu: Andrea Hlinka, Der Aufstieg der Gebenden, Artikel im *Kurier* vom 10.08.2013, KARRIEREN, p. 4

84 Grant, 2013; Seit Oktober 2013 ist das Buch im Droemer Verlag auf Deutsch erhältlich.

85 Mt 20, 1–16

86 Gen 15, 1; 21,17; 26, 24 …

87 Mk 4,40; Mt 9,22 …

88 Mt 17,7

89 Mt 8,25

90 Mt 8,26

91 Mt 8,26

92 Bucay, Geschichten zum Nachdenken, 2006, p. 67

93 Ps 25,17

94 Riemann, 2002, 34. Auflage

95 Fried, 1998, p. 356

96 Mettnitzer, Klang der Seele. Sinn suchen, trösten, ermutigen in Psychotherapie und Seelsorge, 2009, pp. 145–155

97 Bauer, 2006, p. 7

98 Sölle, Die Hinreise. Zur religiösen Erfahrung. Texte und Überlegungen, 1983, im Vorspann

99 Sölle, Die Hinreise. Zur religiösen Erfahrung. Texte und Überlegungen, 1983, 7. Auflage, p. 39

100 Loyola, Die Exerzitien (in der Übersetzung von H. U. v. Balthasar, 1965, p. 7)

101 Jer 31,33

102 Kor 3,6

103 Dass damit erhebliche Schwierigkeiten in den theologisch-philosophisch-psychologischen Diskurs Einzug halten, versteht sich von selbst, kann hier aber natürlich nicht gründlich genug erörtert werden.

104 Ez 37, 5–6 in der Übersetzung von Martin Buber: (Buber, Bücher der Kündung, 1985, p. 549)

105 Adolf Muschg, Schriftsteller, wurde am 13. Mai 1934 in Zollikon geboren. Nach Studien in Zürich und Cambridge promovierte er über Ernst Barlach. Von 1979 bis zu seiner Emeritierung 1999 lehrte er deutsche Sprache und Literatur an der Eidgenössisch-Technischen Hochschule Zürich, wo er 1997 das Collegium Helveticum als Forum für den Dialog zwischen den Wissenschaften mitbegründete. 1965 erschien sein erster Roman „Im Sommer des Hasen". In „Der rote Ritter" gestaltete er 1993 den Parzival-Stoff zum epischen Roman. Im Jahr darauf erhielt er den „Georg-Büchner-Preis".

106 Gespräch Bucheli – Muschg in der Neuen Zürcher Zeitung Nr. 158/2009: (Bucheli, 2009, p. 32)

107 Greenson, 1989, p. 391

108 Lk 9, 25

109 Mk, 8,36–37

110 Interview mit Kiki Kogelnik von Christian K. Narkiewicz-Laine in: Chicago Athenaeum, 1996, p. 1

111 Joh 1,1

112 Lk 1, 41–53

113 Ein Bild für die Seele, das Hildegard von Bingen zugeschrieben wird.

114 Es versteht sich von selbst, dass der Begriff „Seele" und der neurobiologische Begriff „Spiegelneurone" natürlich nicht deckungsgleich sind, sondern hier im oben skizzierten Sinn trotzdem beherzt miteinander verwendet werden.

115 Lk 1,56

116 Handke, Langsame Heimkehr, 1979, pp. 139–140

117 Vgl. Lk 7,7 in der Übersetzung von Fridolin Stier: (Stier, 1989, p. 143)

118 Konfuzius (* 551 v. Chr., †479 v. Chr.), lebte in einer Umbruchzeit, in der sich das alte chinesische Feudalreich in Einzelstaaten auflöste und die Glaubwürdigkeit des darauf bezogenen mythologisch-religiösen Wertesystems infrage gestellt wurde. Konfuzius entstammte dem Kleinadel, führte ein Wanderleben, sammelte eine wechselnde Schar von Schülern um sich und erstrebte die Neuerrichtung des alten Feudalreiches auf ethischer Grundlage. Er hinterließ keine eigenen Werke. Seine Lehre ist in dem Buch über die „Gespräche" niedergelegt, die er mit seinen Schülern führte. Quelle: (Brockhaus, 1990, p. 252)

119 Joh 10,1–10

120 Joh 10, 4–5

121 Joh 20, 13–16 in der Übersetzung von Fridolin Stier: (Stier, 1989, p. 250)

122 Rilke, 1995, 7. Auflage, p. 428

123 Eckle, 2008, pp. 17–18

124 Herr Dr. Otto Arnoscht hat freundlicherweise der Veröffentlichung dieses seines Briefes an den „Grenzlandchor Arnoldstein" zugestimmt.

125 Mat 13,44–46

126 Schöne, 1990, pp. 185–187

127 Dtn 26,5

128 Ex 3,8.

129 Gen 12,1–4

130 Mettnitzer, Das Kind in mir, 2012, p. 64 ff

131 Apg 5,29

132 Schmidbauer, 1977

133 Guardini R., 1950, pp. 37–38

134 Ps 23

135 Mt 6,26–34

136 Ware, 7. Auflage 2013

137 Ware, 7. Auflage 2013, p. 61

138 Ware, 7. Auflage 2013, p. 107

139 Ware, 7. Auflage 2013, p. 151

140 Ware, 7. Auflage 2013, p. 197

141 Ware, 7. Auflage 2013, p. 242

142 Jorge Luis Borges, (* Buenos Aires 24.08.1899, † Genf 14.06.1986). Seine fantastischen Erzählungen kreisen um das Problem von Zeit und Ewigkeit, Diesseits und Jenseits, Wandlung und Dauer.

143 2 Kor 6,2 unter Hinweis auf Jes 49,8

144 Stier, 1989, p. 393

145 So übersetzt Friedolin Stier (in: Stier, 1989, p. 225) das Wort „Ich bin gekommen, damit sie das Leben haben und es in Fülle haben" (Joh 10,10)

146 1 Kö 19, 3–8

147 Text der dritten Strophe des Liedes von Udo Jürgens, „Was wirklich
zählt auf dieser Welt" (1968)

148 Lk 7, 11–17

149 Lk 7,14

150 Apg 3, 1–10

151 Apg 3,6

152 Freud, Studienausgabe. Ergänzungsband, 1975, p. 23

153 Freud, Studienausgabe. Ergänzungsband, 1975, p. 23–24

154 vgl. Mt 25, 14–30

155 Bucay, Geschichten zum Nachdenken, 2006, pp. 11–12

156 Ex 29,37

157 Lk 15,11–13

158 Diesen Hinweis verdanke ich einem Artikel von Ulrich Greiner, Kleiner
Versuch über den Genuss, in: *Die Zeit*, Nr. 28 vom 4.7.1997, Beilage
WISSENSCHAFT, pp. 1–5.

159 Lk 15,14–20

160 Ringel, 2000, p. 38

161 Ringel, 2000, p. 38

162 Lk 15,20–24

163 Mt 9,1–8

164 Mt 9, 2

165 Mt 9,6

166 Jes 38,17

167 Ehrmann, 2013, in der Übersetzung von Ruth Drost-Hüttl

168 Werkbrief für Landjugend, Jahrgang 1977/1978 II, pp. 23–24

Literaturverzeichnis

Augustinus, A. (2006). De vera religione. Über die wahre Religion. Lateinisch/Deutsch. Stuttgart: Philipp Reclam jun.

Bauer, J. (2006). Prinzip Menschlichkeit. Warum wir von Natur aus kooperieren. Hamburg: Hoffmann und Campe.

Brockhaus. (1990). Brockhaus. Band 12. Mannheim: F. A. Brockhaus.

Buber, M. (1985). Bücher der Kündung. Heidelberg: Verlag Lambert Schneider.

Buber, M. (1965). Das dialogische Prinzip. Zwiesprache. Heidelberg: Verlag Lambert Schneider.

Buber, M. (1986). Die Schriftwerke. Heidelberg: Verlag Lambert Schneider.

Bucay, J. (2006). Geschichten zum Nachdenken. Zürich: Ammann Verlag & Co.

Bucheli, R. (2009). Die bodenlose Trauer ist mit der grundlosen Helle irgendwo verwandt. In: *Neue Zürcher Zeitung*. Internationale Ausgabe, Nr. 158, p. 32.

Chicago Athenaeum. (1996). Kiki Kogelnik and the Venetian Heads. Exhibition September 17 – November 10, 1996. Chicago, Illinois: *The Chicago Athenaeum*.

Drewermann, E. (1991). Tiefenpsychologie und Exegese. Band I. Traum, Mythos, Märchen, Sage und Legende. Olten und Freiburg im Breisgau: Walter-Verlag.

Duden. (2001, 3. Auflage). Band 7, Herkunftswörterbuch. Etymologie der deutschen Sprache. Mannheim–Leipzig–Wien–Zürich: Dudenverlag.

Eckle, W. B. (2008). Schwingung und Gesundheit. Neue Impulse für eine Heilungskultur aus Wissenschaft, Musik und Kunst. Battweiler: Traumzeit-Verlag der Neuen Klangkultur.

Ehrmann, M. (2013). Desiderata. Die Lebensregel von Baltimore. Gießen: Brunnen Verlag.

Fischedick, H. (1988, 2. Auflage). Von einem, der auszog, das Leben zu lernen. Glaube und Selbstwerdung. München: Kösel.

Freud, S. (1974). Studienausgabe Band IX. Die Zukunft einer Illusion. Frankfurt am Main: S. Fischer Verlag.

Freud, S. (1975) Studienausgabe. Ergänzungsband. Psychische Behandlung (Seelenbehandlung). Frankfurt am Main: S. Fischer Verlag.

Fried, E. (1998). Gesammelte Werke. Gedichte 3. Berlin: Verlag Klaus Wagenbach.

Grant, A. (2013). Give and Take. A Revolutionary Approach to Success. London: Weidenfeld & Nicolson.

Greenson, R. R. (1989). Technik und Praxis der Psychoanalyse. Stuttgart: Klett-Cotta.

Guardini, R. (1985). Der Gegensatz. Versuche zu einer Philosophie des Lebendig-Konkreten (3. Auflage ed.). Mainz: Matthias Grünewald Verlag.

Guardini, R. (1950). Vom Sinn der Gemeinschaft. Zürich: Arche Verlag.

Handke, P. (1969). Begrüßung des Aufsichtsrates. Frankfurt am Main: Suhrkamp.

Handke, P. (1979). Langsame Heimkehr. Frankfurt am Main: Suhrkamp.

Jahn E. und Adler A. (1933). Religion und Individualpsychologie. Eine prinzipielle Auseinandersetzung über Menschenführung. Wien und Leipzig: Verlag Passer.

Küng, H. (1978). Existiert Gott? Antwort auf die Gottesfrage der Neuzeit. München–Zürich: R. Piper & Co. Verlag.

Kästner, E. (2004). Werke Band I. Zeitgenossen haufenweise. Gedichte. München: Deutscher Taschenbuchverlag.

Loyola, I. v. (1965). Die Exerzitien (in der Übersetzung von H. U. v. Balthasar. Einsiedeln: Johannes Verlag.

Mettnitzer, A. (2012). Das Kind in mir. Wien–Graz–Klagenfurt: Styria.

Mettnitzer, A. (2009). Der Klang der Seele. Sinn suchen, trösten, ermutigen in Psychotherapie und Seelsorge. Wien–Graz–Klagenfurt: Styria.

Mühringer, D. (1995). Reisen wir. Ausgewählte Gedichte. Wien–Graz–Klagenfurt: Styria.

Nietzsche, F. (1964). Gedichte. Stuttgart: Philipp Reclam jun.

Paracelsus Akademie Villach. (1998). Heilen ist menschlich. Seele, High Tech und Moral. Klagenfurt–Wien: edition selene.

Riemann, F. (2002, 34. Auflage). Grundformen der Angst. München–Basel: Ernst Reinhard Verlag.

Rilke, R. M. (1995, 7. Auflage). Gedichte. Frankfurt am Main: Insel Verlag.

Ringel, E. (2000). Die Kärntner Seele. Klagenfurt/Celovec und Wien/Dunaj: Hermagoras Verlag/Mohorjeva zalozba.

Schmidbauer, W. (1977). Hilflose Helfer. Über die seelische Problematik der helfenden Berufe. Reinbek bei Hamburg: Rowohlt Verlag.

Schödl, I. (2007). Mythos Mariazell. Eine Spurensuche. Graz: Leykam Buchverlagsgesellschaft.

Schöne, G. (1990). Wohin soll die Nachtigall. Liedertexte. Berlin: Henschel Verlag.

Sölle, D. (1983, 7. Auflage). Die Hinreise. Zur religiösen Erfahrung. Texte und Überlegungen. München: Kreuz Verlag.

Stier, F. (1989). Das Neue Testament. München und Düsseldorf: Kösel und Patmos.

Störig, H. J. (1970). Kleine Weltgeschichte der Philosophie. Stuttgart–Berlin–Köln–Mainz: Verlag W. Kohlhammer.

Thiele, J. (2000). Verflucht sinnlich. Die erogenen Zonen der Religion. München: List.

Tolstoi, L. (2001). Späte Erzählungen 1886–1910 (Vol. II). Düsseldorf–Zürich: Artemis & Winkler Verlag.

Tschechow, A. (2009). Von der Liebe. Sieben Erzählungen. Köln: Anaconda Verlag.

Ware, B. (2013, 7. Auflage). Fünf Dinge, die Sterbende am meisten bereuen. Einsichten, die Ihr Leben verändern werden. München: Arkana.

Werkbrief für Landjugend. (Jahrgang 1977/1978 II). In Geschichten uns wiederfinden. München: Buch- und Offsetdruckerei Gert Loewer.

Bildverzeichnis

Alle Fotos, Zeichnungen und Skulpturen in diesem Buch (1983–2013)
stammen von Harald Schreiber (www.harald-schreiber.com)

Der Künstler

HARALD SCHREIBER, geboren 1952 in St. Veit/Glan, Hochschule für angewandte Kunst in Wien (Prof. Hollein), Akademie der bildenden Künste in Wien (Prof. Peichl) und seit 1983 Lehrer an der Universität für angewandte Kunst.

Mit seinen Zeichnungen, Malereien, Skulpturen, Kunstobjekten, Fotografien und kulturgeschichtlichen Arbeiten bestritt er seit 1976 circa 200 Ausstellungen im In- und Ausland und gewann zahlreiche Preise.

Neben Kunst im öffentlichen Raum gestaltete Harald Schreiber als Architekt und Designer auch Wohnhäuser, Lokale und Hotels in Wien, Prag, Zagreb, Linz, Klagenfurt, Stuttgart und je zwei Hotels in Hamburg und Berlin.

Der Autor

ARNOLD METTNITZER, ge-
boren 1952 in Gmünd / Kärnten,
Studium der Theologie in Wien
und Rom (Dr. theol.), 1979–2001
Seelsorger in der Diözese Gurk-
Klagenfurt. Seit 1991 Lehrana-
lyse bei Erwin Ringel und Ausbildung zum Psychotherapeuten
(Individualpsychologie) in Wien. Seit 1996 Psychotherapeut
in freier Praxis in Wien, 2003 Verzicht auf den Dienst im Rahmen der kirchlichen Seelsorge und freier Mitarbeiter des ORF.
Zahlreiche Vorträge und Seminare zu Fragen von Lebensqualität und seelischer Gesundheit. Bei Styriabooks bereits
erschienen: „Couch und Altar", „Der Klang der Seele" und
„Das Kind in mir".

ISBN 978-3-222-13421-0

© 2013 by Styria premium
in der Verlagsgruppe Styria
GmbH & Co KG
Wien · Graz · Klagenfurt
Alle Rechte vorbehalten

Bücher aus der Verlagsgruppe Styria
gibt es in jeder Buchhandlung und
im Online-Shop

styriabooks.at

LEKTORAT: Elisabeth Wagner
UMSCHLAG- UND BUCHGESTALTUNG:
Maria Schuster
COVERFOTO: Harald Schreiber

DRUCK UND BINDUNG:
Druckerei Theiss GmbH
St. Stefan im Lavanttal
7 6 5 4 3 2 1
Printed in Austria